ベートーヴェン《第九》の世界

小宮正安
Masayasu Komiya

岩波新書
2043

はじめに　西洋音楽史を塗り替えた「第九」

マウトハウゼンの「第九」

同じ曲を同じ指揮者とオーケストラが取り上げても、演奏ごとに微妙に色合いが変わる……。これぞ、名曲を繰り返し聴くというスタイルが一般的となっているクラシック音楽を、ライヴで聴くことの醍醐味だろう。文字通り同じ料理人が作った同じ料理であっても、季節や素材で微妙に味わいが違うように。

それを特に強く意識したのが、二〇〇〇年代の初頭だった。イギリスの指揮者サイモン・ラトル（一九五五—）がウィーン・フィルハーモニー管弦楽団（以下「ウィーン・フィル」と略）と共演し、ウィーン楽友協会の大ホールで、二〇〇〇年と二〇〇二年のそれぞれ五月に、ベートーヴェンの『交響曲第九番』（以下「第九」と略）を披露した時のこと。そこで耳にした音楽が、決定的に異なっていたからである。

たしかに二〇〇〇年と二〇〇二年の演奏会では、合唱団や独唱者の顔ぶれががらりと変わっていた。また、同じ演奏家であっても、歳月を経れば演奏の仕方や解釈が変化することはありうる。だが、たった二年間の隔たりしかないにもかかわらず、同じ指揮者と同じオーケストラ、さらに同じホールと同じ曲で、ここまで音楽が変わるものなのか？

実のところ、これら二つの演奏会を収録したCDも各々存在する。しかもそれらに耳を傾けると、筆者が抱いた思いが単なる気の迷いではなかったことがわかる。ただし厳密に言うと、二〇〇〇年のCDの方は、昼間に楽友協会での演奏会に出演した後、同じ日の夕方に、彼らが別の場所で演奏した「第九」の記録である。ゆえにそこに展開されている解釈は、筆者が立ち会った昼間の演奏の路線を、より深く、より先鋭的にしたものとなっている。

ラトルとウィーン・フィルが、二〇〇〇年五月七日の夕方に「第九」を演奏した場所。それは「マウトハウゼン」だ。そこにはかつて、オーストリアを併合したナチス・ドイツの作った強制収容所が存在した。

ナチスの強制収容所といえばアウシュヴィッツが有名だが、マウトハウゼンのそれもアウシュヴィッツ同様の凄惨な地獄絵図が繰り広げられた場所である。ナチスが殲滅を図ったユダヤ人、精神障碍者、反体制思想家等々が収監され、一日に何度も石材を切り出し、それを運ぶ作業を強いられた。つまり、度を超えた過酷な労働によって石切り場で命を落とす者は数知れず、それでも生き残った者は、容赦なくガス室に送られた。

二〇〇〇年は、第二次世界大戦の敗北によりナチス政権が崩壊し、ナチス時代の様々な強制収容所が解放されてから五五年目の節目の年だった。とりわけ五月七日は、マウトハウゼンの強制収容所が最終的に解放された日にあたっていた。まさにそのことを記念し、収容所生活を生き延びたユダヤ人の団体の主催によって、マウトハウゼン強制収容所跡の石切り場で、「第九」の演奏会が開かれたのである。演奏会の一部始終はオーストリア放送協会によって中継されただけでなく、断片的ではあるものの、ニュースでも何度も伝えられた。

残された映像を見ると、夕暮れが迫る中、聴衆が手に持ったロウソクの炎が揺れている。そして、ユダヤ教の礼拝で用いられる伝統的な追悼歌がユダヤ人司祭によって歌われた後、「第九」の演奏が始まるという構成だ。

しかも「第九」の演奏中には、演奏者だけではなく、多数の犠牲者を出した石切り場の様子、また後にそこに造られた慰霊碑のショットもしばしば映し出される。そして全曲が華々しく終わった後、普通であれば湧き起こるはずの拍手喝采はなく、静かな沈黙が支配する。客席から一人の男性が舞台に登り、手にしたロウソクの炎を舞台上の出演者のロウソクに灯し、舞台にもいくつもの炎が揺らめき始めたところで、「過去を忘れる者に未来はない」というテロップが出て終わる。

つまりマウトハウゼンの「第九」は、目をそむけたくなる過去に向き合い、犠牲者を追悼するための祈りの音楽だった。

音楽という領域を超えて

もちろん「第九」そのものは、宗教音楽ではまったくない。だが、作品に具わった強いメッセージ性から来る、通常の音楽作品を上回る広さと深さ、またそれゆえに音楽という領域を超えて、政治的、社会的な影響力を持つからこそ、マウトハウゼンの演奏会においては「第九」を取り上げる必要があったのだろう。実際この演奏会は、単に音楽界の話題となっただけでなく、歴史認識のあり方をめぐる議論を引き起こし、政治的なニュースとしてしばらくメディアを賑わせた。

そんなのっぴきならない演奏会を数時間後に控え、ウィーン・フィルの本拠地である楽友協会大ホールで、同じ「第九」が取り上げられたのだ。普通の演奏で終わるわけはない。ひりつくような感情のうねりが、この時期のラトルが特にこだわっていた古楽奏法に基づく音作りも相まって、オーケストラも独唱も、合唱をも呑み込んでゆく。唯一無二の美しい響きを信条としているように言われているウィーン・フィルが、時にあえて耳障りな音を出すことをも厭わず、合唱もここぞというタイミングで大胆にシャウトする……。

そんな空前絶後の要素が、二〇〇二年に両者が再び「第九」をウィーンで取り上げた時にはきわめて薄まっていた、と言おうか消えていた。それは二〇〇〇年以降、彼らが日本をはじめ世界各地で「第九」を含むベートーヴェンの交響曲を演奏し、よりこなれた解釈になったこと、またその仕上げに、繰り返し聴かれるCDを作るためにライヴ収録がおこなわれたこととも関係しているのだろう。

だが、二〇〇〇年と二〇〇二年の演奏の変化を決定づけているのは、マウトハウゼンでの演奏会に関わるのっぴきならなさの有無ではなかったか。

その型破りなスケールから、西洋音楽史を塗り替えてしまった「第九」。ベートーヴェンの音楽とシラーのテキストが創り上げる強烈なメッセージ性ゆえに、音楽以外の世界にも様々な影響を与えることとなった「第九」。そんな「第九」が作られていった背景、初演までの道のり、さらには再演をも含め、この作品が辿ったその後の数奇な運命をあらためて振り返ってみよう。

なお、各章のタイトルは、「第九」のテキストとして用いられた、シラーの「歓喜に寄す」のオリジナルから採ったものである(第4章のみ、ベートーヴェン自身が創作した一節を引用した)。そのどの部分を、ベートーヴェンが「第九」作曲にあたって取捨選択し、オリジナルとは異なるメッセージを発しようとしたのかについても、併せて考えてゆきたい。

目　次

第1章

死者もまた生きるのだ！

混乱する革命と「第九」への道

逃亡中のシラー(右)を描いた想像画(1850年頃、マクシミリアン・シュティーラー画)

「歓喜に寄す」の激烈さ

暴君の鎖からの救出を／悪漢の仕業にも寛大を／死の床で希望を／処刑台で慈悲を！／死者もまた生きるのだ！／兄弟よ、飲み、そして声を合わせよう／あらゆる罪人は赦され／地獄はもはやない。

革命や反乱の際にまかれるビラに掲載されているような、ものものしい呼びかけである。そこには、現行の体制に対する激しい抵抗、また死を賭した新世界の成就が謳われている。

だがこの文章は、政治ビラの文言ではない。ルートヴィヒ・ファン・ベートーヴェン(一七七〇—一八二七)が「第九」のテキストとして用いることとなる、フリードリヒ・フォン・シラー(一七五九—一八〇五)の「歓喜に寄す」の一部である(ただし件《くだん》の箇所そのものは、「第九」には採用されなかった)。

まずは時系列を遡ってみよう。ベートーヴェンの「第九」が完成、初演されたのは、一八二四年。曲そのものへの本格的な取り組みは、一八二二年頃から始まった。ただしベートーヴェンがシラーの「歓喜に寄す」自体を知り、それに曲を付ける計画を最初に考えたのは一七九二年頃と言われている。さらにシラーの「歓喜に寄す」が印刷されたのは一七八六年、作品そのものは一七八五年に書かれた。

というわけで、ここからとある伝説が生まれる。二〇歳過ぎのベートーヴェンは、当時世に出て数年の「歓喜に寄す」に熱狂した。そして艱難辛苦に満ちた人生を送った末、三〇年以上の歳月をかけて、「第九」の完成に至った——。

ただしこれは、あくまで「努力と闘いの人ベートーヴェン」というイメージを補強するための「伝説」である。若き日の彼が「歓喜に寄す」に興味を抱き、三〇年後にそれを用いて「第九」を完成させたのは事実だとしても、その間一貫してシラーのこの作品について思いをめぐらせていたわけではないからだ。

もちろん「歓喜に寄す」は、さらにシラーその人は、若き日のベートーヴェンをはじめとする同時代の少なからぬ人々に、強烈な印象を与えた存在だった。何しろこの作品は、ヨーロッパ中に衝撃を与えたフランス革命の勃発に先立つ四年も前に作られ、しかも冒頭に掲げたような激烈なメッセージに貫かれているからである。

「疾風怒濤」とシラー

それにしても、なぜこのような内容の作品が書かれたのか？　それは当時のシラーが、政治的な逃亡者だったからである。

現在でこそ、一八世紀後半から一九世紀初頭にかけてのドイツを代表する詩人、歴史学者、思想家と言われるシラーだが、正確に言えば、当時「ドイツ」という国家は存在していなかった。現在のドイツとその周辺には、大中小の様々な国が並び建っており、それらをまとめる一種の国家連合体「神聖ローマ帝国」が存在するという、中世以来の政治体制が続いていた。そうした中、シラーが生まれ育ったのは、現在のドイツの南西部にあったヴュルテンベルク公国だった。

シラーは幼少の頃から頭がよく、また父親が将校兼軍医だったこともあって、君主であるカール・オイゲン(一七二八—九三)の目にとまる。そして彼が創設したばかりの高等教育機関で、法律や医学を学ぶようになった。またこの頃、シラーは同時代の文学にも目覚める。当時流行していたスタイルは、「シュトゥルム・ウント・ドラング」、日本語では「疾風怒濤」と訳されるものだ。「疾風怒濤」とは簡単にまとめれば、あらゆる感情を爆発させつつ、破滅をも恐れずに突き進む生き方を肯定する芸術潮流である。

それにしても、なぜこのような潮流が生まれたのか? 答えは、「個人の目覚め」にある。当時は、絶対的な権威を具えた王侯貴族が権勢をふるう一方、経済の発達を基盤に都市に住む商人や手工業者、つまり市民階級がひそかに力を蓄えつつあった。となると、王侯貴族を頂点に据えた体制に不満を抱く市民が増え始めるのも当然である。

ただし、現実的に伝統的体制を転覆するまでの力は、まだ市民たちにはなかった。彼らは不自由さを感じながら悶々とすごす中、文学や音楽、絵画といった世界において、鬱屈した感情を解放しようとした。これぞ、「疾風怒濤」が生まれた背景である。

この「疾風怒濤」のスタイルに基づき、一七八一年、シラーはとある戯曲を書く。日本語では『群盗』と訳されるが、直訳すれば「強盗たち」という意味だ。

主人公は、社会変革の夢に燃え、貴族である親元を飛び出した若者。後悔し、実家に戻りたいと願ったものの、親族の陰謀でそれもかなわなくなった彼は、絶望のあまり強盗の一味に加わり、義賊として活躍するようになる。その後彼は再び実家に向かうが、父親は盗賊になった息子を前にショック死、主人公が想いを寄せ続けてきた恋人も、もはや彼とは結婚できないことを悟った末、彼に自分を殺させる——。

逃亡生活が生んだ「歓喜に寄す」

シラーはこの作品を一七八一年、匿名で発表する。当時としては過激な内容であることを、充分に知っていたからに他ならない。また彼自身、ヴュルテンベルク公国の軍医として、君主カール・オイゲンに仕える身だった。そうした人間が、いわば公務外で文学創作に熱をあげ、しかもその内容が反体制的ともなれば、自重せざるをえない。

とはいえ、『群盗』は戯曲として書かれている。当初は出版を通じて各地に広まって大きな話題を巻き起こし、一七八二年にはマンハイムの国民劇場で初演された。しかもシラーは、カール・オイゲンから領地外に出ることを禁じられていたにもかかわらず、それを破って秘密裡に初演に出かけた。

だが、シラーの行動はすぐに明るみに出て、カール・オイゲンの怒りを買う。彼は当初独房に閉じ込められ、以後も監視の目が光る中、医学関係の書物以外の著作活動を禁止された。そこで彼は国外脱出の計画を練り、何とか成功させた。

逃亡生活に入ったシラーは、定職を失い困窮する。ところが、ドイツ東部のライプツィヒに住む文筆家であり法律家だったクリスティアン・ゴットフリート・ケルナー(一七五六―一八三一)を中心とした人々が、シラーの居場所を探り当て、彼を自分たちの下に招いた。シラーは彼らから経済的支援と篤い友情を得、その後やはりケルナーに縁のあるドレスデンやその近郊に身を寄せながら、創作活動を続けた。

そんなケルナーたちの恩義に応えるべく、一七八五年に書かれたのが「歓喜に寄す」である。つまりこれは逃亡時代のシラーだからこそ書き得た、世直しへの希求と、ようやく見つけた同志へ宛てて書かれた熱い感謝状なのである。そしてこの作品は、シラーがライプツィヒで創刊した文芸誌『ターリア』に、一七八六年に掲載される運びとなった。

「歓喜に寄す」と合唱の関係

こうした事情を反映し、「歓喜に寄す」は、一人の代表者が音頭を取り、それに仲間が唱和する、というスタイルをとる。全体は九節から成り、各節は前半八行、後半四行、合計一二行という構成だ。そして後半四行の冒頭には、わざわざ「合唱」と書かれている。つまり「歓喜に寄す」と合唱との関係は、遡ればシラー自身のアイディアだったのである。

しかもシラーは当作品を、『ターリア』に掲載しようとした際、以下のような手紙を出版社にしたためている。「「歓喜に寄す」の詩に、ケルナーが大変すばらしい曲を付けてくれました。掲載分は半ページでよいので、この楽譜を印刷用に刷れればと思いますが、いかがでしょうか？」こうして同誌には、作曲者については匿名（ケルナーの筆になると言われている）ではあるものの、楽譜も掲載される運びとなった。

このように、「歓喜に寄す」は、発表当時から音楽、特に声楽と切っても切り離せない関係にあった。様々な音楽家（その中には、ミヒャエル・ハイドン〔一七三七—一八〇六〕、カール・フリードリヒ・ツェルター〔一七五八—一八三二〕、ハンス・ゲオルク・ネーゲリ〔一七七三—一八三六〕、さらにはフランツ・シューベルト〔一七九七—一八二八〕など、今なお音楽史に名前の出て来る人々も含まれる）がこの詩に曲を付けた。しかも一七九九年と一八〇〇年には、異なる街の異なる楽譜出版社が、相手を出し抜くかのように、いわば「歓喜に寄す」アンソロジー曲集を出した。当時の「歓喜に寄す」ブームが、手に取るようにわかるだろう。

なおこれらの曲集には、フランス革命の最中《さなか》の一七九二年に生まれた「ラ・マルセイエーズ」に出だしがそっくりな作品も収められている。つまり当時の人々が、「歓喜に寄す」に革命の要素を嗅ぎ取っていたという証に他ならない。

しかもこの曲を含め、原則的には第一節に登場したものと同じメロディを用いて他の節も歌うという形式が一般的だったが、それでも最後の第九節にのみ、異なるメロディが付けられる場合があった。そしてこの第九節こそ、この章の冒頭に引用した歌詞なのである。その内容には、世直しのためには死ぬことをも厭わない、つまり「歓喜に寄す」を書いた当時のシラーの生き方がそのまま反映されている。

二つの「歓喜に寄す」を比較すると

このように「歓喜に寄す」をテキストに用いて曲を作るという発想自体、ベートーヴェンの専売特許ではなかった。しかも、「歓喜に寄す」というタイトルを自らの作品に用いた詩人もシラー以前に既に何人か存在し、それに曲が付けられた場合もある。

たとえば、ヴォルフガング・アマデウス・モーツァルト(一七五六―九一)が一二歳頃、つまり一七六八年頃に書いた最初の歌曲は「歓喜に寄す」である。テキストは、ドイツに活躍し、当時は有名な詩人だったヨハン・ペーター・ウーツ(一七二〇―九六)による。全部で七つの節から成り、第一節は以下のような内容だ。

歓喜よ、賢者たちの女王よ／彼らは花輪を頭に載せて／お前を金の竪琴でこう称える／たとえ悪が忍び寄る時も、穏やかな様子を保ちながら。／「玉座に座りながら　私の言葉を聞いておくれ／英知の子よ／お前は手づから自身の冠に／もっとも美しいバラの花を常にあしらう」

第四節、第五節は次のようになる。

お前と　お前のバラを見たのだ／夜の世界すらもが／それは死の玉座に近づくだけ／そこには冷たい恐怖が呼び覚まされるだけ。／だがお前の行く道は／穏やかな光に溢れている／ふくよかな頬をしたキュンティア（ギリシア神話に登場する狩猟と貞節の女神アルテミスの別名）が／暗い影を打ち破る。

生を司る支配者はお前の味方／死も恐れるには値しない／死は空しく振り回すだけだ／その槍をお前に向けて。／悲しみの原にあっても／希望がお前の傍らにあり／ダイヤモンドの盾を／お前の頭にかざす。

なお、日本語に訳すと「歓喜」あるいは「喜び」となる言葉、ウーツ（あるいは後にシラー）が用いたドイツ語の原語ではFreudeである。またドイツ語で“Fr...”で始まる言葉を探すと、Freiheit＝自由、Freund＝友、Freundschaft＝友情、Frieden＝平和、といった、現代を生きる私たちにも希望を与える単語がいくつも存在する。このことを念頭にウーツの「歓喜に寄す」を読むと、それは希望の象徴である「歓喜」への賛歌、あるいは歓喜が溢れる新世界へ向けた希望のメッセージであることがわかるだろう。

ではウーツの詩を、シラーの「歓喜に寄す」と比べるとどうか。たとえば両者ともに「死」を扱っているが、ウーツのそれが歓喜に恃《たの》むことで死を克服できるという内容であるのに対し、シラーのそれはむしろ歓喜に満ちる新たな世界を創るため、旧弊な世界と闘い、命を投げ出すことをも厭うな、という檄文となっている。

そもそもシラーの「歓喜に寄す」は、その第一節からして、次のように始まる。

エリジウムに到着したヨーゼフ２世(1790年、ヒエロニムス・レッシェンコール画)

喜びよ、神々の美しい閃光よ／エリジウム(死んだ英雄が赴くあの世の楽園のこと)の娘よ／私たちは足を踏み入れる　炎に酔いしれつつ／素晴らしいお前の聖所へと。／お前の魔法は再び結びつける／剣で分断されていた世の趨勢《すうせい》を。／乞食は王侯の兄弟となるがよい／お前の柔らかな翼が憩うところで。／抱かれよ　数多の者たちよ！／この接吻を全ての世界に！／兄弟たちよ――星の輝く天幕の彼方には／慈愛に満ちた父がいるに違いない。

そこに渦巻いているのは、ウーツの「歓喜に寄す」の始まりとは異なる、理不尽な世界への怒りと、それとの闘いの末に「英雄的な死を遂げる」ことへの称賛に他ならない。

啓蒙主義時代の「歓喜」と「理性」

このように、同じ「歓喜に寄す」という題名であっても、ウーツとシラーとでは様子が異なる。シラーよりも四〇歳ほど年上のウーツは一八世紀半ばを生きたが、シラーが生きた一八世紀後半以降に比べて君主の力がより強く、ウーツ自身、宮廷に仕える法律官だった。ウーツの「歓喜に寄す」に、体制の転覆をあからさまに呼びかけるシラーのような語句が出てこないのは当然である。しかもウーツ自身、啓蒙主義の影響を色濃く受けていた点も重要である。

啓蒙主義は一七世紀後半イギリスに生まれ、一八世紀半ば主にフランスで発展した思想だ。時代の矛盾に気付いたインテリ思想家たちが、旧来の社会体制を不承不承受け容れている「蒙昧」な市民階級を導き、彼らに知恵をつけてやる。またそれによって、市民階級を中心とした新たな社会の出現を目指そう、というものだった。

中でも「理性」は、啓蒙主義にとって欠かせない要素となる。出自も考え方も異なる市民たちが、手を携えて新しい社会を創り上げるためには、自身と他者との差異を乗り越えることこそが重要だったからだ。意見の合わない相手であろうとも、それを暴力的に否定するのではない。理性をもってその考えに耳を傾け、今まで自分の中になかった考え方や物の見方を涵養《かんよう》することで、理想的な新世界を生み出せる可能性が開けた。

となれば、ウーツの「歓喜に寄す」が、これまでの体制下でともすればおざなりにされてきた古《いにしえ》のギリシア的な官能や喜び（第四節に現れるギリシア神話の神の名前がそれを物語る）、つまり「歓喜」を称えつつ、常に理性を働かせている点も理解できる。さらには「歓喜」が「賢者たちの女王」と見なされているところにも、理性に基づいて新時代の知恵を広めようとする啓蒙主義との一致が見て取れる。

なお啓蒙主義は、一八世紀ヨーロッパに存在した別の思想潮流とも結びついた。思想結社の「フリーメーソン」である。ウーツもその会員だった。

フリーメーソンは一六世紀後半から一七世紀初頭のイギリスに始まったと言われるが、詳しいことはわからない。いずれにせよ彼らは、特定の身分や宗教を超え、友愛を基本とする新たな共同体の形成を目指したが、これが激しい弾圧のもととなる。王侯貴族や聖職者といった一部の特権階級が力を持つ体制にとって、そうした考え方は危険以外の何物でもなかったからだ。

結果フリーメーソンは秘密結社と化し、その過程で秘教的な入会儀式や、会員同士でなければばわからない神秘的暗号等、傍目からは「怪しげ」に見える要素を多々備えていった(会員になれるのは男性のみという、女人禁制の思想もその一環である)。そこだけに着目すると、理性を重視する啓蒙主義と対立しそうだが、フラットな社会を志向する点で、両者には共通するものがあった。そのため一八世紀後半になると、啓蒙主義を信奉しつつフリーメーソンにも入会する人が、急速に増えてゆく。

フリーメーソンと「歓喜」

たとえば、若き日にウーツの「歓喜に寄す」に曲を付けたモーツァルトも、二〇代の後半になるとフリーメーソンに入会した。そんな彼が、早すぎる死を迎えた一七九一年に、一般の人々でもオペラを楽しむことができるよう、彼らの日常言語である平易なドイツ語を用いて書いたオペラが『魔笛』である。

あらすじは、フリーメーソンを思わせる教団と出会った王子が、音楽の力を借りながら様々な試練を乗り越えて深い知恵をつけ、最後は陽の光に溢れる世界の指導者になるという、一種のファンタジーメルヘンだ。「魔笛」つまり「魔法の笛」というタイトルは、王子の成長と理想社会の実現を助ける音楽の象徴である。

『魔笛』の中に、以下のような歌詞が現れる。

愛よ　この道にバラをまき散らしておくれ／茨のあるところにこそバラは咲く／さあ　魔法の笛を吹いて／笛の音が私たちの行く手を守ってくれるように。

歌詞に現れる「バラ」という単語に着目してみよう。この語は、ウーツの「歓喜に寄す」にも出てきたように、友愛や平和に満ちた理想社会の出現と切っても切り離せない「歓喜」と密接な関係にある。そして「歓喜」という存在がウーツの詩では「女王」と記されていたことから、女性のイメージをまとっていることがわかる(ただし『魔笛』の台本を作ったのはウーツではなく、俳優兼劇場経営者であり、自身フリーメーソンの会員だったエマヌエル・シカネーダ〔一七五一―一八一二〕だった)。

なお『魔笛』の最後には、数多の試練の末に王子の前には理想の世界が実現し、それを寿《ことほ》ぐ男女の合唱がこだまする。これは、女人禁制という結社の性格上、フリーメーソンの集会のためにモーツァルトが作った他の曲では、独唱や合唱に男声だけが用いられていたのと対照的だ。つまり『魔笛』では実際のフリーメーソンとは異なり、男女の区別なく人々が声を合わせ、晴れやかな音楽の響きとともに、「歓喜」に溢れた社会の到来を寿ぐ――。

つまりこれはベートーヴェンの「第九」を先取りした世界である。ベートーヴェン自身モーツァルトを尊敬しており、また『魔笛』に登場するメロディを用いた変奏曲も作っている。さらには『魔笛』のようにドイツ語によるオペラを書くことにもベートーヴェンは情熱を燃やし、やがてそれは「第九」の先駆けともいえるオペラ『レオノーレ』として帰結することとなる。

啓蒙主義の鬼っ子シラー

とはいえ、「第九」のフィナーレに比べると、『魔笛』のそれは、輝かしくはあるものの、むせかえるような熱狂や熱気はない。むしろそこに満ちているのは、どこまでも晴朗な喜びの調べである。またそうした意味で、フランス革命勃発後に生まれた『魔笛』に遡ること二〇年以上前に作られた、モーツァルト/ウーツの「歓喜に寄す」が、ベートーヴェン/シラーのそれに比べ、遥かに柔和な仕上がりとなっているのは当然だろう。

特にシラーの場合、啓蒙主義のあり方に対して共感を示しつつも、徐々にそれとは異なる方向性を示していった一人ではなかったか。理性の偏重や、またそこから来る落ち着きはらった、つまり裏を返せば気取った姿勢に嫌気がさし、やがて啓蒙主義とは距離を置くようになる――。ジャン・ジャック・ルソー(一七一二―七八)にも見られる、啓蒙主義が生み出したこうした鬼っ子の系譜に、シラーも連なっていた。彼はたしかに、ウーツの「歓喜に寄す」から様々な影響を受けた。自らの「歓喜に寄す」もウーツのそれと同様、「歓喜」への呼びかけで始めているのはその一例である(あるいは「友」「バラ」「暴君」という単語も双方に登場する)。ただしシラーの「歓喜に寄す」では、理性以上に情熱が重んじられ、時に暴力をも辞さぬ姿勢すら容認されている点が、ウーツのそれとは明確に異なっている。

あるいは、フリーメーソン的な死への向き合い方も、ウーツとシラーの間には共通点と差異が認められる。フリーメーソンの入会にあたっては、一度死んで生まれ変わるという、秘教的な要素の濃厚な儀式が存在する。つまりフリーメーソンを奉じる人々にとって、死は恐ろしいものではなく、英知に満ちた新たな生に目覚めるための通過点にすぎない。またその際によき導き手となってくれるのが、ウーツによれば「歓喜」に他ならず、モーツァルトの『魔笛』の大団円でもそうした世界観が描かれる。

このように考えると、シラーの「歓喜に寄す」にもまた、フリーメーソンの思想が採り入れられていることは明らかだ。シラー本人がフリーメーソンに加入していたかについては不明な点があるが、逃亡中のシラーを遇したケルナーがフリーメーソンの会員であったこと、また彼への感謝として「歓喜に寄す」が書かれたことを考えてみると、この作品にもフリーメーソンの思想が色濃く表れているといえる。

ただしシラーの場合は、死をめぐるフリーメーソン的な価値転換を、そのまま世直しへの行動へと直結させている。宗教や階級の差が厳然と存在する旧来の世界と袂を分かった新たな世界にあこがれるだけではなく、命をかけてその世界の実現を成し遂げること。つまりここで打ち出されているのは、フリーメーソンに元々具わっていた「世直し」の要素をより色濃く、より過激にしたものに他ならない。

それゆえ、シラーの「歓喜に寄す」には、「女王」としての「歓喜」（ウーツの「歓喜に寄す」）や、新たな世界を実現させる「王子」（『魔笛』）といった、よき存在としての特権階級は登場しない。むしろ特権階級に関しては、「乞食は王侯の兄弟となるがよい」という手厳しい言葉が投げかけられている。古い社会の転覆、古い社会の刷新——。それを人々に訴えかける内容だからこそ、シラーの「歓喜に寄す」には、時に「ラ・マルセイエーズ」のようなメロディや、さらには「第九」に聴かれるようなハイカロリーの熱狂的音楽が付されていったのだろう。

啓蒙主義的改革の小宇宙ボン

ところで若き日のベートーヴェンが「歓喜に寄す」に出会うこととなる故郷のボンは、ウーツ的な「歓喜に寄す」、あるいはオペラ『魔笛』の世界が多かれ少なかれ実現した小宇宙だったといえるかもしれない。というのも、この街には啓蒙主義の花が咲き、フリーメーソンの活動も活発だったからである。

ボンは元々ケルン選帝侯国の宮殿の一つが構えられた宮廷都市だった。「ケルン選帝侯国」とは、ライン河沿いの都市ケルンを都に、大司教が君主を務める宗教国家である。しかもこの国の君主は、神聖ローマ皇帝に即位する人物を選挙する権利を有する選定侯という、帝国内で

ボンのマルクト広場。マクシミリアン・フリードリヒの命によって建立されたオベリスクを象った噴水も見える（1780年頃、フランソワ・ルソーの原画に基づくバルタザール・フリードリヒ・ライゼルの銅版画）

も「影のボス」のような存在だった。だが一八世紀に入り、旧来の特権階級／支配階級の力がヨーロッパのそこかしこで衰えてゆく中、同国も経済をはじめとして様々な難問に直面してゆく。

そうした最中の一七六一年、マクシミリアン・フリードリヒ・フォン・ケーニヒスエッグ＝ローテンフェルス（一七〇八—八四）という人物が、ケルン大司教／選帝侯の座に就く。長々しい名前からもわかるように、伝統と格式を誇る貴族の家の生まれだった。とはいえ彼自身は、時代の変化というものをよく見極めていたのだろう。財政改革や教育改革に取り組み、後者は近代科学を探究する高等教育機関「マックス・アカデミー」として実を結ぶ。

また彼は、ボンの宮廷劇場の改革にも積極的だった。貴族をはじめ一部の特権階級の共通語だったイタリア語やフランス語ではなく、一般の人々も理解できるドイツ語による演劇やオペラを上演したのもその現れである。さらに、市民階級が中心となって結成した愛好家劇団と宮廷劇場の協働を目指し、「国民劇場」という組織に改編した。つまり彼は、特権階級の独占物であった宮廷劇場を、一般の人々にも開放したのである。

マクシミリアン・フリードリヒのこうした政策を要約すれば、啓蒙主義的改革ということになる。本来であれば特権階級とは対立するはずの啓蒙思想を、当の特権階級の象徴ともいえる専制的な君主が採り入れることで、変動を遂げる世界に対応した国家運営をおこなう——。またそうした君主が治めていたからだろう、マクシミリアン・フリードリヒの統治下、ボンにもフリーメーソンが誕生し、そのメンバーには彼自身の二人の甥や、選帝侯国の大臣といった有力者まで名前を連ねるほどだった。

このように新たな風が吹き始めたボンで、一七七〇年に生を享けたのがベートーヴェンだ。

彼の生い立ちについては簡単に記すにとどめるが、同姓同名の祖父ルートヴィヒ・ファン・ベートーヴェン(一七一二—七三)はフランドルのパン職人の息子だったところ、歌手として生業を築くようになり、やがてマクシミリアン・フリードリヒの一代前のケルン選帝侯に召し抱えられ、宮廷楽団所属の歌手としてボンに定住した。そして一七六一年、マクシミリアン・フリードリヒによって、宮廷楽長に任命された。

その息子が、ヨハン・ファン・ベートーヴェン(一七四〇―九二)である。父親の教育や人脈のおかげもあり、幼い頃からボンの宮廷楽団で活躍。やがて正式にこの楽団の団員となり、マリア・マグダレーナ・ライム(一七四六―八七)と結婚する。二人の間には七人の子どもが生まれ、その二番目(最初の子どもが生後すぐに亡くなったため実質的に長男)となるのがベートーヴェンである。なおこのヨハンだが、アルコール依存症気味でベートーヴェンをはじめ妻にも暴力をふるったとも、宮廷音楽家としての活動をおろそかにしたとも、さらに父ルートヴィヒから受け継いだ遺産を浪費したとも言われている。ただし我が子ベートーヴェンに音楽的才能が具わっていることを見出し、それを鍛えたのもヨハンであった。

いずれにしても、ベートーヴェンは幼い頃から音楽的才能を発揮し、一七七八年には鍵盤楽器奏者としてデビューを果たす。さらに、ボンの宮廷にオルガニストとして仕えていたクリスティアン・ゴットロープ・ネーフェ(一七四八―九八)から、本格的な音楽教育を受けてゆく。

新君主マクシミリアン・フランツとベートーヴェン

そのようなボンに新たな君主がやって来る。マクシミリアン・フランツ・フォン・エスタライヒ（一七五六―一八〇一）である。彼は、オーストリアを中心にヨーロッパの随所に領土を持ち、神聖ローマ帝国皇帝の座を長年にわたって独占してきたハプスブルク家の出身だった。「女帝」と呼ばれるマリア・テレジア（一七一七―八〇）を母に、「啓蒙専制君主」として様々な改革をおこなったヨーゼフ二世（一七四一―九〇）を長兄に持つ、となると毛並みの良さもよくわかるだろう。やがて高齢となったマクシミリアン・フリードリヒの後継者に指名され、一七八四年に彼が亡くなると、ケルン選帝侯／大司教の座に就いた。

なおマクシミリアン・フランツにとっても、ボンは重要な都市だった。というのも、彼はマクシミリアン・フリードリヒ以上に啓蒙主義的な改革を断行するにあたって、守旧派の聖職者や貴族の巣くう古都ケルンではなく、ボンを拠点としたからである。

経済、宗教、外交と、その改革は多岐に及ぶが、たとえば教育面においては、マクシミリアン・フリードリヒが創設したマックス・アカデミーを、大学に昇格させた。これは、元々ケルンに古くから存在したケルン大学が科学的姿勢に冷淡で、旧態依然とした内容を講じている状況に対し、マクシミリアン・フランツが業を煮やしたためである。

こうして一七八六年に新たに誕生したボン大学へ、一七八九年に若き宮廷音楽家が哲学科の聴講生として登録する。彼こそはベートーヴェンであり、この大学で最先端の思想や政治情勢に触れることとなった。

なおベートーヴェンが正式にボンの宮廷音楽家となったのも、マクシミリアン・フランツが赴任した直後である。それまではネーフェの弟子として、師が不在の折には宮廷でオルガンを奏でたり、国民劇場でチェンバロを弾いたりすることはあったが、あくまで臨時雇用のピンチヒッターといった位置付けだった。だが啓蒙主義的改革を推進する君主の下では、財政や被雇用者の「見える化」が重要な政策となる。それを受けてベートーヴェンも一七八四年、ボンの宮廷に第二オルガニストとして、正規のポストを得たのだった。

さらにマクシミリアン・フランツの下、ボンの宮廷音楽が大きく花咲くこととなる。彼自身、音楽に対して深い理解があり、優れた音楽演奏の腕前を具えていただけではない。ボンの国民劇場に関しては、財政緊縮のために即位後しばらくの間は閉鎖措置をとったが、抜本的な経済対策の末、五年後には再開場を実現した。しかもこの劇場は、かつて以上に充実したオペラや演劇のレパートリーを誇るようになり、宮廷楽団の豊かな響きがそれを彩った。そうした状況の中、ベートーヴェンはヴィオラ奏者として楽団にも参加するようになる。

またマクシミリアン・フランツは、一七八七年、自らの出身地であるウィーンにベートーヴェンを短期留学させた。この時、ベートーヴェンはモーツァルトに会おうとしたようだが、それが果たせたか否かについてはわからない。ただし当時のウィーンが、オーストリアを中心に、東欧やイタリア、オランダの一部を直接支配し、ドイツ語圏にも影響力を及ぼしていた国際都市であったことを思えば、音楽のみならずこの帝都が築き上げてきた様々な文化が、若き日のベートーヴェンに大きな刺激となったことは間違いない。

「第九」を予見させる二つのカンタータ

このように、マクシミリアン・フランツの統治下、新たな体験を積むようになったベートーヴェンが、一七九〇年に書いた二つの曲がある。『皇帝ヨーゼフ二世のための追悼カンタータ』『皇帝レオポルト二世の即位カンタータ』だ。「カンタータ」とは、元々「声楽曲」という意味で、この頃になるとオーケストラを伴った声楽曲という意味のジャンルとなり、この二曲もベートーヴェンが手掛けた初めての大規模な作品となっている。

16歳頃のベートーヴェンのシルエット、宮廷に仕えていたため鬘をかぶり、優雅なお仕着せを身にまとっている(1786年頃、作者不詳)

作曲のきっかけは、この年ハプスブルク家の当主ヨーゼフ二世が亡くなり、すぐ下の弟のレオポルト(一七四七―九二)がその跡を継いだことにある。両者ともにマクシミリアン・フランツの兄だったこともあり、先帝の追悼、新帝の戴冠祝いの催しが、民間からの発案によってボンで開催される運びとなった。それにあたり、ベートーヴェンに白羽の矢が立ったのである（なお、これらのカンタータの作詞者は不明だが、ボン大学に多少なりとも関係している人物だったのだろう）。

実のところ、これら姉妹作とも見なせる二つのカンタータには、後に彼が手掛けた代表作の萌芽を見てとれる。一八〇五年に初演されたオペラ『レオノーレ』（一八一四年に『フィデリオ』に改作）と、一八二四年に初演された「第九」である。前者はFreiheit（自由）、後者はFreude（喜び）がテーマになっていることから、こちらの二作も姉妹作と見なすことも可能だ。

『皇帝ヨーゼフ二世のための追悼カンタータ』では、支配者の死を嘆き悲しむ悲痛な曲が続いた後、第四曲になると曲想が変わり、希望に満ちた穏やかさの中に、ソプラノ独唱が合唱を伴って次のように歌い始める。

その時　人々は光を向いて立ち上がった／地球は太陽のまわりを　より幸せに満ちて回り／太陽は神々しい輝きを具えて全てを温めた。

ヨーゼフ二世を太陽に擬《なぞら》え、彼がおこなった数々の啓蒙主義政策を称えようというものである。

この第四曲では、ソプラノ独唱を導くかのようにオーボエが憧れに満ちたメロディを奏でるのだが、これがやがて『レオノーレ』の大詰めに、ほぼそのままの形で採り入れられた。『レオノーレ』は、無実の罪で捕らえられていた夫をその妻が救出する、というストーリーだが、夫を縛っていた鎖を妻が解き放った瞬間にこのメロディが響くのである。

また『皇帝レオポルト二世の即位カンタータ』では、ヨーゼフ二世の後継者であるレオポルト二世が、啓蒙主義的な政策を引き継いでくれることへの期待が謳われる。その終曲で、合唱が歌うのは以下の歌詞だ。

ひざまずけ　数多の者たちよ／香の焚かれた祭壇の前に／玉座の君を仰ぎ見よ。／この佳き日を賜った君を／(中略)平和をもたらす君に　栄えあれ／彼こそは偉大なり。

「ひざまずけ　数多の者たちよ」という歌詞は、「第九」に用いられたシラーの「歓喜に寄す」の一節「ひざまずくか、数多の者たちよ？／創造主を感じるか、世の者たちよ？」を彷彿とさせる。また歌詞だけでなく、この部分を合唱が最初は厳かに、徐々に高揚しながら歌い上げてゆくという構成も、「第九」によく似ている。

このように見てくると、巷間伝えられているイメージとは異なり、ベートーヴェンが王侯貴族を徹底して嫌っていたわけではないことがわかる。実際彼は、君主を駆逐して市民を中心とした被支配階級が主権を握ることを是とする共和主義者ではなく、啓蒙主義的な姿勢の君主が統べ治める世界こそを理想としていた模様である。

ベートーヴェンは生涯にわたり様々な貴族と密接な関係を持ち、彼らのために曲を書いたり、逆に経済的支援を受けたりしている。共和制への賛歌のようにも読める「歓喜に寄す」を用いた「第九」すら、プロイセン王に献呈されているほどなのである。

というわけで、権力者を直截的に称える曲をベートーヴェンが書き、しかもそこに「第九」への道すら予見できるのは、おかしな話ではない。しかも当時、彼がボンの宮廷に仕えていたことを考えれば、尚更である。このように、マクシミリアン・フランツやヨーゼフ二世に代表される「啓蒙専制君主」の支配は、ベートーヴェンのみならず多くの人々の心を捉えていった。

「啓蒙専制君主」の理想と現実

ただし、元々は市民階級のために生まれた「啓蒙思想」を、「専制君主」が体現すること自体、そもそも矛盾がある。人々の自由を野放図に認めれば君主制そのものが崩壊しかねないため、常に微妙なバランスを保って社会を動かしてゆくことが、為政者にも民衆にも求められた。また、だからこそ啓蒙専制君主は、常に民に甘い顔をしているだけでなく、時に厳しい、冷酷な判断を下すことも厭わなかった。

シラーが元々仕えていたヴュルテンベルク公国の君主カール・オイゲンも、啓蒙専制君主の一人と見なすことができる。彼のおこなった国内改革は、何とヨーゼフ二世からも称賛されているほどだ。そう考えると、過激な作風で知られるシラーがある時期までカール・オイゲンに仕えられたのも、彼が寛容を旨とする啓蒙主義的な要素を具えていたからに他ならない。ただしそれが限界に達した時、両者の関係は破綻し、シラーはさらなる自由を求めて逃亡したのだった。

こうした、「啓蒙専制君主」をめぐる難しさが端的に現れた例が、シラーの「歓喜に寄す」とベートーヴェンとの出会いである。どうやら彼がこの作品を知ったのは一七九二年以前、場所はボンの「読書保養協会」(通称「読書協会」)だったようだ。

既に述べたように、ベートーヴェンは新設なったボン大学の哲学科に聴講生として登録していた。折しもフランス革命が勃発し、彼の地のニュースや思想が、フランス以外の地にも広まっていた頃である。特にボンは、地理的にフランスに近いということもあり、革命はきわめてリアルな出来事だった。

そうした中、この年ボン大学に赴任してきた文学と美学の教授であり、文筆家としても活躍していたオイロギウス・シュナイダー(一七五六―九四)の講義をベートーヴェンは聴講するようになる。シュナイダーはフランス革命の熱烈な支持者であり、彼が重視した「自由・平等・友愛」の革命思想に、若き日のベートーヴェンも共感した。ただしシュナイダーの露骨なまでに革命を賛美する姿勢は、シラーとカール・オイゲンの関係のように当局との軋轢を生み出し、結局シュナイダーは一七九一年にボンを去ってフランスへ赴くこととなる。

ただし、大学の授業の一環としてそうした思想を公に講じるのは無理であっても、啓蒙主義改革が進む中、あくまで私的な場であれば許された。その場こそが読書協会だった。

なおこの読書協会には、ベートーヴェンの師であり宮廷音楽家でもあったネーフェをはじめ、ボンの名士が身分を超えて一堂に会していた。そうしたメンバーが揃っていたからこそ、大学で公式に扱うと波風の立ちかねないシラーの作品についても、当局の介入を撥ねのけられたのだろう。ネーフェの誘いでこの会に参加するようになったベートーヴェンも、シラーの作品に触れ、「歓喜に寄す」を知ったようである。

消滅した「歓喜に寄す」作曲計画

それを物語る手紙が残されている。一七九三年の初頭、シラーの妻シャルロッテに宛てられたもので、差出人はボン大学の法学部教授バルトロメウス・フィッシェニヒ。当時ベートーヴェンは、二度目のウィーン留学に出かけている最中だった。

その中でフィッシェニヒは、ベートーヴェンがシラーの「歓喜に寄す」に曲を付けようとしていることを報告した上で、こう結論付けている。「完璧なものができるのではないかと、期待しています。というのも私が知る限りにおいて、彼は偉大なすばらしい人物だからです」。

ただしこの時点では、ベートーヴェンによる作曲は実現されなかった。

もしもこの時ベートーヴェンが「歓喜に寄す」に曲を付けていたとすれば、どのようなものになっただろうか。おそらくは当時数々の曲が付けられた「歓喜に寄す」の例に漏れず、いくつかの節を同じメロディで繰り返す、いわゆる「歌曲形式」が用いられただろう。既にベートーヴェンは、何人かの詩人の詩に曲を付けていたが、そのほとんどが歌曲形式だった。

それにしても、なぜこの時の「歓喜に寄す」の作曲計画は消滅したのか。何よりもベートーヴェンにしてみれば、それどころではない事態に見舞われたからである。

一七九二年、ベートーヴェンはマクシミリアン・フランツの支援を受けて、二度目のウィーン留学へ出かける。しかも今回は、モーツァルトにとって年上の良き同僚であり友でもあったヨーゼフ・ハイドン（一七三二―一八〇九）に師事するためだった。

ところがそれは大変な旅となった。途中通過したライン河畔のコブレンツという街で、フランス軍と、オーストリアをはじめとするドイツ各地の連合軍が戦闘を繰り広げており、それをかいくぐらざるをえなかったからである。

一七八九年に勃発したフランス革命は、当時曲がり角に差しかかっていた。革命が起きた当初は、国王ルイ一六世（一七五四―九三）を権力の座から引きずりおろすのではなく、王が君臨する下で議会が力を持つような「立憲君主制」が目指されていた。ところが革命の行方に不安を覚えたルイ一六世が、王妃マリー・アントワネット（一七五五―九三）の実家があるオーストリアへ、一家をあげて逃亡を計画。だがその途中で一家は捕らえられ、パリに連れ戻されて幽閉されたあげく、一七九三年には革命を脅かす危険分子として処刑された。

こうした事態は、貴族を中心とした支配体制が維持されているフランス以外の国にとって、脅威以外の何物でもなかった。とりわけハプスブルク家は、肉親であるマリー・アントワネットの身に危険が及んでいるという個人的な事情も加わり、神聖ローマ帝国を構成する他の君主国とも連携をとりながら、フランスに攻撃を仕掛け始めた。当然フランスはそれに反撃する。その戦場となったのが、ライン河畔だったのである。

しかもベートーヴェンのウィーン滞在は当初、一七八七年におこなわれた一回目と同じく、あくまで「研修」あるいは「留学」という位置付けだった。ボンの宮廷に仕える音楽家として、彼は奨学金を元手にウィーンで研鑽を積み、その成果をボンに持ち帰るはずだったのである。

だが、ベートーヴェンの雇い主でもあるマクシミリアン・フランツ自身が危機に陥る。「フランスvs.神聖ローマ帝国構成国、あるいはハプスブルク家」という対立を背景に、同家の出身者である彼の支配するケルン選帝侯国が、フランスから格好の標的とされたからである。彼は戦禍を逃れて国内を転々とせざるをえなくなったあげく、一七九四年、フランス軍にボンを占領されると実家であるウィーンへと逃亡し、その後、栄えあるケルン選帝侯国は消滅した。

こうして、ボンの宮廷自体が壊滅の危機に晒される。ウィーン滞在中のベートーヴェンにとっても、奨学金が断たれただけではない。自らの勤務先が風前の灯の状態となる中で、彼はボンに戻るわけにもゆかず、ウィーンで生活することを余儀なくされたのである。

ただし、ハプスブルク家の治める巨大な領土の各地から様々な人々や文化が集まる国際都市ウィーンで、音楽家として頭角を現すのは容易ではない。しかも一七九〇年にハプスブルク家の当主となったレオポルト二世が、在位わずか二年で一七九二年に死去する中、君主の交代に伴う動揺や、過激化するフランス革命への対応をめぐって、帝都ウィーンでは動揺が広がっていた。こうした状況の中でベートーヴェン自身、とにもかくにも音楽家として、この街で生き抜いてゆかなければならなかった。となれば、彼にとって「歓喜に寄す」に曲を付けるどころの余裕がなくなったのも当然だろう。

革命後の恐怖政治と「救出劇」

一方フランスの状況だが、一七九三年初頭にルイ一六世一家が処刑されると、革命自体が混乱の道を辿り始める。というのも、革命の主体となった、市民を中心とする被支配階級は、出自も考え方もばらばらな人々の集まりにすぎなかったからだ。そんな彼らが団結できたのも、王政打破という共通目標が存在したためである。

だがそんな団結も、ルイ一六世一家の処刑を通じて彼らが「共通の敵」を失うことで、急速に崩壊してゆく。様々な意見や価値観の相違が顕著になってゆく中で、昨日までの同志が今日の敵となり、互いが互いを捕らえ合い、殺し合うという「恐怖政治」が始まった。

なお、このように「逮捕、監禁、処刑」が日常化した状況を反映した、とある演劇ジャンルがフランスでは人気を博してゆく。「救出劇」と呼ばれるもので、無実の罪を着せられた主人公が、家族や友人の尽力によって、あわや命を落とす土壇場で救出される、という筋書きだ。そうした「救出劇」の一つが、一七九八年にパリで初演された『レオノーラ　または夫婦の愛』だった。ジャン＝ニコラ・ブイイ(一七六三―一八四二)という劇作家が書いた台本に、ピエール・ガヴォー(一七六〇―一八二五)という音楽家が曲を付け、いわばオペラの形式で仕上げられている。

なおこの作品は、既に触れたベートーヴェンのオペラ『レオノーレ』の原作である。しかもベートーヴェンの『レオノーレ』は、序曲からして、原作の『レオノーラ』以上に、ベートーヴェン作品の特徴と言われる「闘争を経て勝利に至る」、あるいは「闇から光へ」というプロセス(これは晩年の「第九」にも通じるものだ)を、鮮烈に打ち出したものとなっている。

ただし、こうしたプロセス自体は、ベートーヴェンの専売特許ではない。たとえばイタリアに生まれ、革命前夜からパリを本拠地としたルイージ・ケルビーニ(一七六〇―一八四二)が、一八〇〇年に発表した、救出劇の筋書きに基づくオペラ『二日間　または水の運搬人』。その序曲からして、「闇から光へ」の実現に向かって闘う人間模様を描いた内容となっている。なおベートーヴェン自身、楽譜等を通じてケルビーニの作品から多くを学んでおり、そのような経験がやがて『レオノーレ』、さらには「第九」へと至る道を切り拓いていった。

ナポレオンの台頭

いずれにしても、「恐怖政治」にまで行き着いてしまったフランスの国内が混乱するのは当然だろう。フランス革命が目指していた「自由・平等・友愛」の実現はおろか、市民階級を中心とする人々が政治、経済、文化等のイニシアティヴを握り、彼らが中心となった理想的社会を築くなど、夢のまた夢になってしまう。

こうしてフランス国内に革命疲れが見え始める中、頭角を現してきた人物がいる。ベートーヴェンより一歳年上の、ナポレオン・ボナパルト（一七六九―一八二一）である。軍人であった彼は、フランス革命に反対し、戦争を仕掛けたヨーロッパの他の君主国を相手に次々と勝利した結果、フランスの人々から救国の英雄として崇められていった。

またナポレオン自身、そうした世論を味方につけ、自分こそはフランス革命の「自由・平等・友愛」の精神を広める存在であるというイメージを確立した。政治の世界にも野心を燃やすようになり、一七九九年にはクーデターを起こしてフランス統領に、一八〇四年にはフランス皇帝の座にまで上りつめる。と同時に、革命以降もおこなわれてきた国内の不満を外に向けさせるという作戦をより色濃く押し出し、フランス以外の君主国に革命精神を伝播させることを錦の御旗に掲げ、大規模な戦争を開始する。

その格好の敵となったのが、ハプスブルク家だ。ナポレオンにとってハプスブルク家は、伝統と格式を誇る一大貴族であるがゆえに、革命精神にとって最大の敵であり、打ち倒すべき対象であった。しかも同家は巨大な領土を有し、神聖ローマ帝国も影響下に置いているとなれば、それらを手に入れることは、フランスの覇権拡大に繋がる。

こうしてナポレオンは、ハプスブルク家の領土や神聖ローマ帝国諸地域に進軍していくわけだが、進軍される側としてはたまったものではない。しかも、元々フランス革命の掲げていた純粋な世直しの理想は、恐怖政治をはじめとするその後の革命の混乱によって大きく傷つき、ナポレオンの台頭によってますます変化を遂げている——。

そうしたことを、今や攻められる側になった神聖ローマ帝国の側にいるからこそ、否応なく悟るようになった人々が現れてくる。その一人こそ、新たな世界実現の夢に燃え、国外逃亡の生活の中で「歓喜に寄す」を書いた、あのシラーだった。

第 2 章

堪え忍べ、よりよい世界のために

混迷する政治体制と「第九」の萌芽

「鐘の歌」における鐘の完成の場面を描いたポストカード(1900年頃、ハンス・カウフマン画)

「鐘の歌」に見るシラーの革命観

一七九九年、シラーは「鐘の歌」という長編の詩を刊行した。内容は、熟練の腕を具えた親方が職人や徒弟たちとともに鐘を造り、それを完成させるというもの。単に鐘が鋳造される様を描くのではなく、その過程に擬えて人生や社会に対する省察が繰り広げられる。

そもそもシラーがこの作品の構想を得たのは、一七八七年と言われている。「歓喜に寄す」を書いてから二年後のことだ。それから二年を経た一七八九年にフランス革命が勃発し、その成り行きを見届ける中で一七九七年頃から本格的な取り組みが開始された。

その後半の一部を、少々長くなるが引用してみよう。「もしもドロドロに溶けた鋼の扱いを間違えれば何が起こるか」という親方の戒めを譬えとして、自由と革命をめぐるシラーの見解が浮き彫りにされている。

何と恐ろしいことか　炎を発しながら／真赤に焼けた溶銅が流れ出すとすれば！／轟然と怒り狂い　雷に一撃されたように／家は粉々に飛び散り／地獄の蓋が開いたように／炎が高く噴き上がり　全てを焼き尽くす。／粗暴な力が支配する所では／何も形作ることなどできはせず／群衆がわけもなく騒ぐところでは／共に生きる世界など生まれない。

何ということか　もしもこの街の奥深くに／こっそりと火種が積まれたならば。／人々は自らの軛《くびき》を解き放ち／自分のことだけを考え　醜い争いを起こす。／反乱者が綱を奪い取り／鐘は唸りをあげて打ち鳴らされ／平和のために作られたその響きも／暴力を喧伝するものとなってしまう。

「自由と平等を！」という叫び声に満たされ／温和なはずの市民が武器を携え／通りに溢れ　集会場に溢れ／絞首刑用の縄を引きずりまわす。／女たちも悪鬼と化し／恐ろしい略奪に快楽を覚え／ハイエナのような鋭い牙を鳴らし／敵の心臓を喰いちぎる。／もはや聖なるものなどなく／敬虔な謙遜の心は消え去り／善は悪に取って代わられ／邪悪が解き放たれる。

獅子を目覚めさせるのは恐ろしく／虎の鋭い牙も怖いが／何よりも酷いものはと言えば／人間の狂気。／そんな永遠に盲目の人間に／天上の火を与えてもよかったのか。／天上の火に彼らは照らされず　かえってその火をもてあそび／街も国も灰燼に帰させてしまった。


「歓喜に寄す」において、一種の革命賛美をおこなったシラーだが、彼は、現実のフランス革命の成り行きに直面する中で、現実の革命がともすれば陥ってしまう野放図な暴力の発露に対し、深い憂慮と断固たる批判すら示すようになっていた。

それでは、シラーが目指す理想的な鐘の用いられ方、つまり理想的な社会形成のあり方とはどのようなものなのか。先に引用した地獄絵図とは対照的に、溶けた鋼を着々と鋳型に流し込み、無事完成させた親方は、徒弟や街の人々とともにその完成を祝う。

集まれ　集まれ！／徒弟たちよ　さあ皆で／鐘の完成をお祝いするぞ！／この鐘をコンコルディアと名付けよう。／この鐘が愛する皆を／調和と　心からの和合の中に結んでくれるように。

それこそが　この鐘の尽きざる使命／そのために　親方が精魂込めて創り上げた。／地上で貧しい生活をする人々の上にも／この鐘の音は高らかに響き／稲妻のわきをかすめ／星々の世界にまで達し／天からの声のように／明るい星々のように／創造主を常に讃え／花輪に飾られた時代を生み出す。（中略）

さあ綱の力で／坑から外へと引き出せ。／響きに溢れた国を目指し／天の高みを目指して高く吊れ。／引け　引け　もっと高く！／鐘が揺れ　動き始める。

喜びあれ　この街に／平和あれ　その最初の音に。

つまり「鐘の歌」を発表した当時のシラーにとっては、旧体制の転覆以上に、融和や平和の実現こそが重要だったことがよくわかる。もちろんこれは、彼が保守化したからではない。革命とはシラーにとって、特権階級が支配する旧体制を乗り越えるための手段であり、目的ではなくなっていったということだ。

また、シラーとすれば、それほどまでにフランス革命の成り行きには失望を覚える点が多々あったのだろう。革命の当初に掲げられた理念と、実際の革命が陥った泥沼の状態、さらにはそれを巧みに利用して頭角を現し、ヨーロッパ中を戦争に巻き込みつつあるナポレオン……。そうした状況の中で、彼は「鐘の歌」の最後に「喜び（Freude）」と「平和（Frieden）」という語を相前後して用いながら、歓喜は調和や和合をもたらすものでなければならない、と説いていく。

「歓喜に寄す」の改訂が物語ること

革命に対するシラー自身の姿勢が変化を遂げてゆく中、「歓喜に寄す」も変容を遂げる。一八〇三年、「歓喜に寄す」の改訂版がシラーの詩集に収められ、あらためて出版されることとなるが、初版とはいくつかの点が異なっている。

まずは冒頭部分の六行目と七行目が異なるのだが、その前後と合わせて訳出してみよう（なお六行目については、初版では「世のしきたりが剣で分断していたものを」、改訂版では「世のしきたりが厳格に分断していたものを」等と訳されることが多いが、本書では原詩の構文を踏まえ、以下のように訳した）。

〔初版〕

喜びよ、神々の美しい閃光よ／エリジウムの娘よ／私たちは足を踏み入れる　炎に酔いしれつつ／素晴らしいお前の聖所へと。／お前の魔法は再び結びつける／剣で分断されていた世の趨勢《すうせい》を。／乞食は王侯の兄弟となるがよい／お前の柔らかな翼が憩うところで。

〔改訂版〕

喜びよ、神々の美しい閃光よ／エリジウムの娘よ／私たちは足を踏み入れる　炎に酔いしれつつ／素晴らしいお前の聖所へと。／お前の魔法は再び結びつける／厳格に分断されていた世の趨勢を。／あらゆる人々は兄弟となるがよい／お前の柔らかな翼が憩うところで。

初版では旧体制への告発とその転覆が叫ばれていた箇所が、改訂版では、融和に満ちた新たな世界の創出への呼びかけへと変化を遂げている（ちなみにベートーヴェンが「第九」で用いたのも、改訂版のテキストである）。さらに第1章冒頭でも引用した、革命に殉じることをも厭わない姿勢を説く最後の第九節が、そっくり削除されることとなった。これらの変更の理由については、初版のように文芸誌への掲載ではなく、詩集として広く世に出すにあたって、検閲の目を配慮したためとも言われている。あるいは当時のシラーはもはや逃亡中の身ではなく、ワイマール公国で活躍しており、貴族にまで叙せられていたため、保守化したという見方もある。

だがそれ以上に、現実の革命に対するシラーの姿勢の変化こそ、もっとも大きな要因だろう。体制を単に破壊するだけでは、暴力の支配する世界しか生まれない。革命の先に目指すべきは、調和と友愛に満ちた社会の実現であり、それがあってこそ、世直しをおこなう意味はある——。

こうして改訂された「歓喜に寄す」は、最後の節のカットにより元々の第八節が最終節、つまりこの作品の結論部分に位置することとなった。そこで謳われているのは、現実社会の理不尽を打破するだけでなく、その先に理想世界を実現させるための団結の呼びかけであった。

重い苦悩には不屈の勇気を／無実の者が泣いているところには救いを／固い誓いには永遠を／友にも敵にも真実を／王座の前では男の誇りを――／兄弟よ、たとえ財産と生命をかけてでも――／功績には栄冠を／偽りの輩には没落を！／聖なる集いをさらに結束させ／この黄金の酒にかけて誓え／誓約に忠実であることを／星空の審判者にかけて誓え！

「合唱バラード」の系譜

「鐘の歌」は大きな反響を巻き起こし、それを基とした音楽作品も生まれた。ベートーヴェンとも若い頃から交流のあったアンドレアス・ロンベルク（一七六七―一八二一）が曲を付け、一八〇九年に発表した同名の作品である。編成は、独唱（ソプラノ、アルト、テノール、バス各一）と混声合唱にオーケストラの伴奏が加わり、上演には一時間弱を要する大作だ。

声楽とオーケストラのための作品といえば、教会で取り上げられるミサ曲をはじめとする典礼音楽や、宮廷で上演されるオペラやカンタータといった祝典音楽が挙げられる。いずれも、聖職者や教会、あるいは君主や権力者を称えるものである。また、「オラトリオ」というジャンルも存在する。その誕生の経緯を見ると、オペラから視覚的要素を除いて演奏会での上演を目指したことからもわかるように、オペラの変形とも考えられる。取り上げられる題材も、古代の英雄譚や神話、あるいは聖書の記述等、君主や教会の存在を肯定するものが多かった。

一方、ロンベルクが作った『鐘の歌』のようなジャンルは「合唱バラード」と呼ばれている。オペラやカンタータ、オラトリオなど旧来のジャンルとは異なる内容のテキストが用いられ、市民を中心とした新たな社会のあり方に対する問題意識が脈打っている点が、斬新な特徴だ。

さらに「合唱バラード」と銘打たれているように、独唱以上に合唱が大きな役割を果たしている。それまでのオーケストラ付き声楽作品では、たとえばオペラに典型的に見られるように、独唱が超絶技巧の名人芸を繰り広げ、合唱はそれに彩りを添えるにすぎなかった。だが、旧来のように目立つ存在だけが力を握る時代は変化しつつあった。音楽においても、彼らの背後に控えていた名もなき人々が声を合わせ、主人公となる社会の到来を目指す、新たな世界が生まれていった。

『鐘の歌』も然り。親方の役を歌うバス独唱が重要な役割を果たすが、その立場は「支配者」ではなく「指導者」である(そうした意味では、フリーメーソンにおいて、組織全体を正しく導く「指導者」として「親方」が存在していた状況等を彷彿させる)。また彼は合唱を導入するための口火を切る役割としてのみ存在し、スタンドプレーをすることはまったくない。

「合唱幻想曲」への道

こうした状況の中で、ベートーヴェン自身、「合唱バラード」とでも呼ぶべき作品を折に触れて書き続けている。ベートーヴェンに関しては、「器楽曲」がメインでそのかたわらに「声楽曲」も書いた作曲家、というイメージが強い。これは、「声楽曲」を中心に「器楽曲」も書くという、一八世紀までの西洋音楽における作曲姿勢の逆をゆく姿勢にも見える。

それも道理。ベートーヴェンの時代には、教会や宮廷の力が徐々に弱まり、音楽家が合唱付きの宗教音楽や祝典音楽を書く機会も減っていった。ただし市民階級が合唱団を組織し、それに合わせて音楽家が曲を作るほどまでには、市民社会自体が成熟していなかった。

また、ウィーンに移って以降のベートーヴェンが、ピアノを中心とした器楽演奏家として活躍していたことも重要である。何しろハプスブルク家の帝都たる国際都市として、名にし負う音楽家がひしめき合うこの街である。オペラや教会といった伝統的な場は古参の名だたる音楽家の独壇場であり、若きベートーヴェンの入り込む余地はなかった。

ただし、ベートーヴェンが作ったオーケストラ付きの声楽曲には、第1章でも触れた『皇帝ヨーゼフ二世のための追悼カンタータ』『皇帝レオポルト二世の即位カンタータ』がある。また、ウィーンを本拠地として一〇年以上を経た一八〇三年には、オラトリオ『オリーヴ山のキリスト』が作られ、大好評を博した。この作品は、聖書に書かれたイエスの受難物語を基本としつつ、テキストは聖書そのものではなく、新たに書き下ろされている（テキストは、当時ウィーンで風刺詩人、脚本家として活躍していたフランツ・クサヴァー・フーバー〔一七五五—一八一四〕による）。しかもその内容は、人間の苦悩とそこからの解放をイエスに擬えて扱った、文学的かつ省察的なものであった。

こうした意味では、一八〇五年に完成、初演されたオペラ『レオノーレ』もそうである。筋書きについては第1章で述べたが、この作品で重要な鍵を握るのも合唱である。無実の罪で牢に繋がれている囚人たちが自由への憧れを歌い上げる男声合唱、あるいは彼らが解放される大詰めの場面でハイテンションで歌われる混声合唱は、オペラ本体と切り離され、一つの独立した「合唱曲」として取り上げられるほど有名だ。つまり『オリーヴ山のキリスト』にせよ『レオノーレ』にせよ、暴政の苦しみを乗り越え、自由や愛が満ち溢れる理想の社会の形成に向けて大勢の人々が声を合わせるという点で、一種の「合唱バラード」としての性格を具えている。

「第九」の先駆け　芸術による新たな世界の創出が謳われた「合唱幻想曲」

さらにベートーヴェンは、ロンベルクが『鐘の歌』を発表するのと相前後して、より「合唱バラード」と呼ぶにふさわしい作品を発表した。一八〇八年末に初演された『ピアノと合唱とオーケストラのための幻想曲』、いわゆる「合唱幻想曲」がそれである。

「幻想曲」とは、ドイツ語でFantasie（ファンタジー）。つまり作り手の考えるままに自由な形式と編成で作られた曲という意味合いで、オラトリオやオペラといった既成のジャンル分けに属さない。またそうした点で、「合唱バラード」という新たなタイプの曲とも親和性を示す可能性を秘めている。

全体の構成だが、最初に独奏ピアノが活躍し、次に独奏ピアノとオーケストラが掛け合い、最後に独唱が先導役となって合唱が加わる、という内容となっている。つまり、ピアノ独奏曲、ピアノ協奏曲、声楽曲(しかもオーケストラ伴奏だけでなく、ピアノ独奏まで参加する)が、一つの曲の中で展開されてゆくという流れである。

さらに、「暗から明へ」「闘争を経て勝利に至る」という、ベートーヴェン作品ではお馴染みの音楽的プロセスが展開されるのも特徴だ。ピアノ独奏の間は苦難と苦闘に満ちた楽想が次々と立ち現れていたところを、オーケストラとの協奏部分になると希望に満ちたメロディが登場し、それが何度も繰り返されて大いに盛り上がる。そして最後には、独唱と合唱も加わり、器楽と声楽が渾然一体となった大団円が築かれる。全体の上演時間は二〇分にも満たないものの、この作品は「第九」の先駆けと呼ばれることが多い。果てしない苦しみの支配が続く中、最後の最後に独唱を先導とした合唱が光をもたらす、という構図だ。しかも肝心の声楽は、ほんの数分間登場するだけであるにもかかわらず、圧倒的な効果をもたらす。

また、「合唱幻想曲」のテキストについても見ておこう。作者はクリストフ・クフナー(一七七七―一八四六）、宮廷軍事局のエリート官僚を務めるかたわら詩作をおこない、後に芸術雑誌を立ち上げたほど文芸に情熱を注いだ人物だ。

心地よい優しさと愛らしさとともに／私たちの人生のハーモニーが響き／美しい感性の感覚から／永遠の花が咲き溢れ出る。／平和と喜びが　寄せては返す波のように／融和の中に生まれ出る。／荒れ狂い　敵意に満ちて押し寄せてきたものも／至高の感覚へと整えられる。
音楽の魔法が響き／神聖な詩が生まれる時／壮麗なものが姿を成し／闇と嵐は光へと変わる。／外なる安らぎ　内なる憧れが／幸せを目指して満ち溢れ／今や芸術の春の日差しが／苦しみの中から光を生じさせる。
偉大なものが心に押し寄せ／新たに美しく咲き誇る。／精神が高揚する時／精神の合唱がそれにこだまする。／受け入れよ　美しき魂たちよ／喜びに溢れて　美しい芸術の賜物を。／愛と強さが結び合う時／人間に神の恩寵が応えてくれる。

一読してわかるように、ここで謳われているのは、平和と喜びに満ちた世界は音楽と詩の融合によって生まれる、というメッセージに他ならない。つまり、芸術賛歌というだけにとどまらない、芸術による新たな世界の創出への希望と期待である。

フランス革命に対する姿勢の変化

実際「合唱幻想曲」を書いた頃のベートーヴェンは、フランス革命に対する当初の姿勢を徐々に変化させつつあった。既に述べたように、ベートーヴェン自身は、フランス革命が目指した共和主義を信奉していたわけではない。むしろ彼は、徳のある君主の下、市民階級を中心とした被支配階級が様々な権利を保障される世界を理想としていた。そうでなくても、ボンからウィーンへ行く途中で戦闘に巻き込まれそうになったり、マクシミリアン・フランツからの支援を断たれたりと、いわばフランス革命による被害も多々体験していた。というわけで、ベートーヴェンは当初、革命自体には共感を寄せながらも、全面的な熱狂とは一線を画していた。またそうすることが、貴族の力が強いウィーンで生活してゆくためにも必要だったのである。

だが、やがて状況は変化する。ナポレオンが台頭し始めると、彼こそが徳のある支配者／指導者として、「自由・平等・友愛」の革命精神を、ウィーンをはじめヨーロッパ中に広めてくれるのではないか、という期待がベートーヴェンの中に生まれる。そして、作曲中の『交響曲第三番』(いわゆる「英雄」)を、ナポレオンに献呈しようとまで考えた。

ところが、一八〇四年にナポレオンがフランス皇帝の座に就いたり、翌年ウィーンを軍事占領したりするに及び、ベートーヴェンの中ではナポレオンに対する距離感が生まれる。といっても巷間伝えられるように、皇帝即位の報せを聞いたベートーヴェンが即ナポレオンに対する拒絶を示したわけではない。むしろナポレオン率いるフランス軍が、「自由・平等・友愛」の伝播とは裏腹に、ウィーンのそこかしこで乱暴狼藉を働いたことの方が大きな衝撃をもたらしたようだ。とはいえ、ベートーヴェンはすぐさまナポレオンに失望したわけではなかった。それが証拠に一八〇九年、彼の弟であるジェローム・ボナパルト(一七八四―一八六〇)が君主となったヴェストファーレン公国の都カッセルの宮廷劇場から楽長就任の打診を受けると、食指を動かしている。ただしベートーヴェンの流出を憂慮するウィーン在住の有力貴族たちが、潤沢な経済支援をおこなう旨を提案したため、この話は沙汰止みになった。

それでも同年、ナポレオンが二度目のウィーン占領をおこなった際には、ベートーヴェン自身、命の危険に晒された。一回目以上にフランス軍の攻撃は苛烈を極め、ベートーヴェンも砲弾から身を護るため、ウィーンに住んでいた弟の住居の地下室に避難したほどである。

皇帝を名乗り始めたナポレオン

その後、オーストリアは領土割譲と多額の賠償金を課されただけでなく、フランスとの同盟も結ばされた。またそれを受け、時のオーストリアの支配者フランツ一世(一七六八―一八三五)は、娘のマリア・ルイーザ(一七九一―一八四七)をナポレオンの妃に差し出さざるをえないという屈辱にさえ見舞われる。そうでなくてもフランツ一世は、ハプスブルク家の当主として一七九二年の即位この方、ナポレオンに煮え湯を飲まされ続けてきた。当初は、ハプスブルク家の巨大な領土のそこかしこを狙われ、一八〇五年にウィーンへ攻め上られた末、一八〇六年には同家が皇帝の位を独占してきた神聖ローマ帝国の解体を余儀なくされたのである。

こうした事態に先手を打つべく、またナポレオンが「フランス皇帝」を名乗り始めたこともあり、フランツはハプスブルク家の領土を「オーストリア帝国」と名付け、その初代皇帝に即位。それは、彼が「皇帝」を名乗り続けるためのせめてもの手段でもあった。

そのような状況の下、フランス革命の象徴であるナポレオンを元々嫌っていた貴族はもとより、彼に革命精神の体現を見ていた多くの市民も、ナポレオンに距離を置き始める。ベートーヴェン然り、またオーストリア在住者ではなかったもののロンベルク然りである。ロンベルクはその後半生において、ナポレオンによる戦争状態がもたらした経済状況の悪化に苦しみ、晩年は各地を転々とする生活を余儀なくされたのだった。

だが破竹の勢いを誇ったナポレオンにも、没落の時がやってくる。一八一二年、彼は勢力拡大を狙ってロシアへの進軍を開始したが、現地での激しい抵抗に加え、ロシアの厳しい冬の気候のために大敗北を喫した。これを機に、ナポレオンにいいようにされてきたヨーロッパの様々な君主国は、続々と反撃に転じた。

ウィーンで開催されたナポレオン敗戦を祝う大演奏会

このニュースに、ベートーヴェンのいたウィーンは大いに沸き立つ。一八一二年末、ナポレオンの敗戦を祝う一大演奏会が開催された。開催場所はハプスブルク家の構える王宮内部の大広間。仮設舞台が作られ、約六〇〇人の大オーケストラと大合唱団が出演し、客席には、五〇〇〇人以上もの聴衆が詰めかけた。この大がかりな催しを仕掛けたのは、法律家であり、宮廷劇場勤務の官僚として活躍する一方、ベートーヴェンのオペラ『レオノーレ』の台本も著したほど文学にも造詣が深く、無類の音楽愛好家としても知られたヨーゼフ・ゾンライトナー(一七六六—一八三五)という人物である。彼は、文字通りの音楽愛、さらには祖国愛を発揮して、王宮の大広間を会場として借り、出演者を募り、広告を打ち、聴衆を集めるといった、現在では音楽プロモーターが生業としておこなっているようなことを、全て手弁当で成し遂げた。

なお、出演したメンバーだが、ハプスブルク家の宮廷劇場や、ウィーンに既にいくつか存在していた私営劇場に所属する音楽家、音楽好きの貴族に仕える音楽家など、「職業音楽家」だけでは、とても人数が足りなかった。そこでゾンライトナー自身のように、普段は別の仕事をして、それを通じて得られた財産や時間を音楽活動に注ぎ込む「音楽愛好家」も多数出演した。つまり、今風に言えば「プロ」や「アマ」の垣根なしに演奏をしよう、という趣旨である。

垣根がない、という意味では大勢の聴衆もそうだった。ハプスブルク家の関係者、つまり貴

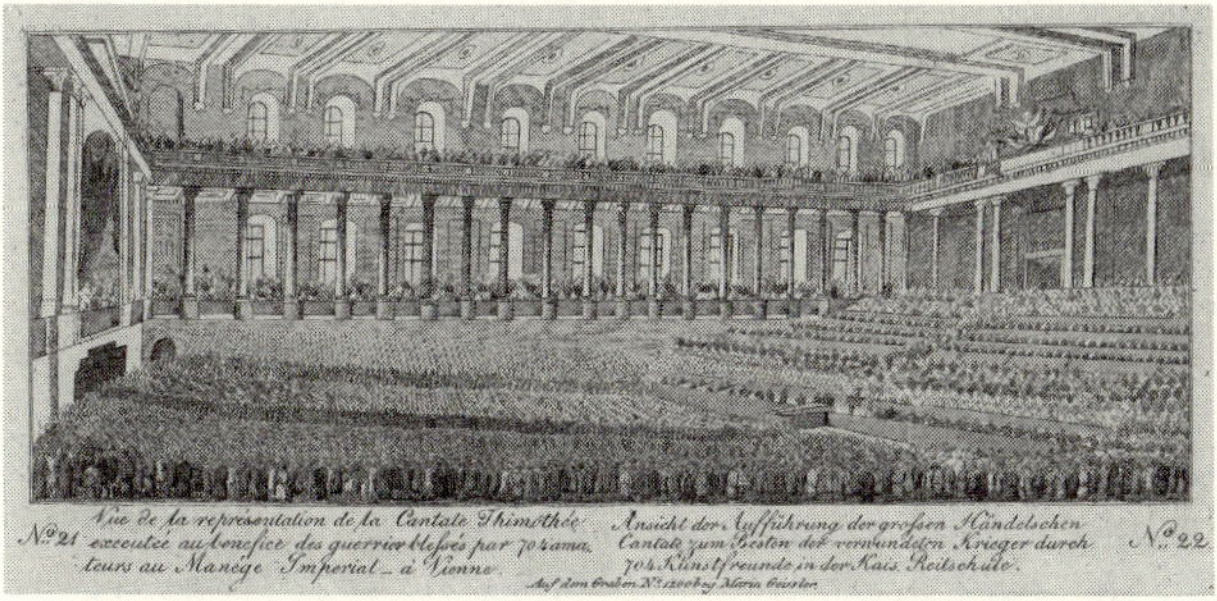

1812年末にウィーンの王宮で開催されたナポレオン敗戦を祝う大演奏会（1812年頃、作者不詳、所蔵：Dr. Dr. h.c. Otto Biba）

族中の貴族から一般の人々に至るまで、まだウィーンに厳然と残っていた身分の差を超えて、多様な階級が一堂に会した。しかも普段であれば、宮廷人専用であるはずの王宮の施設が、下々の者にも開放されたのだった。

この時演奏されたのは、ゲオルク・フリードリヒ・ヘンデル（一六八五―一七五九）作曲、モーツァルト編曲のオラトリオ『ティモテウス　あるいは音楽の力』（ヘンデルのオリジナルでは『アレクサンダー王の饗宴』）。古代ギリシア末期の英雄アレクサンドロス大王と、彼に仕える楽士ティモテウスを主人公として、ティモテウスが奏でる竪琴の響きに奮い立った大王が敵との戦いに勝利を収める、という内容だ。クライマックスでは、大オーケストラと大合唱が華やかな響きの中に、音楽の力をまざまざと描き出す。これもまた、「第九」の先駆けともいえる作品ではないだろうか。不特定多数の人間を団結させるために、音楽を用いるという手法がとられているのだから。

この手法自体は、たとえば君主や宗教の下に人々を結束させるべく昔から用いられてきたが、やはりそれが本格化したのは、フランス革命以降である。考え方も出自もばらばらな被支配階級をひとまとめにするための音楽。しかも「ラ・マルセイエーズ」のように、比較的単純なメロディに人々が野太い声を合わせ、状況が許せばそれを軍楽隊やオーケストラが華やかに飾り立てる――。この手法が、政治的な立場こそ異にするものの、ウィーンでも採り入れられた。

「音楽の力」を謳うという行為は、現在からすれば使い古された、陳腐なものに見えるかもしれない。だが、ナポレオンに散々煮え湯を飲まされ続けてきた人々にとってみれば、音楽こそが傷ついた自分たちを結束させ、新たな未来へ踏み出させてくれるものだった。実際この演奏会は、ナポレオン相手の戦争で傷を負った兵士や、戦火で焼け出された人々を救うための、チャリティ・コンサートという目的も兼ねていたほどである。

市民に音楽を開放する――「ウィーン楽友協会」の誕生

この演奏会を機に、結成された新たな音楽組織がある。今もなお「音楽の都ウィーン」の象徴的な存在であり続けている、「ウィーン楽友協会」だ。

ウィーンはそれまでもヨーロッパに冠たる「音楽の都」ではあった。ハプスブルク家が積極的な文化政策、特に音楽政策を展開する中、その巨大な領土やその周辺部から優れた音楽家が集まり、この街での成功を目指したからである。ただしそれはあくまでハプスブルク家やその取り巻きである有力貴族のイニシアティヴによるもので、原則的には宮廷の中で完結していた。

だが一九世紀に入り、貴族が力を有してきたさしもの帝都ウィーンでさえ、市民階級が力を付けてきていた。音楽家の中にも、ベートーヴェンのように市民階級を念頭に置いた活動を展開しようとする者が出てくる。また市民の側にも、これまで宮廷に独占されてきた音楽文化を、自分たちも手に入れたいと考える動きが起こり始める。

とはいえ、現在のように、チケットさえ買えば誰もが自分の聴きたい演奏会に行くことができるという状況は、ことウィーンではなかなか定着しなかった。一般公開型の演奏会といえば、音楽家が自分で全てを差配し、自分の演奏や新作を聴かせ、収益をあげるというタイプのものが普通で、それ以外のものがなかったのである。

だが、件のナポレオン敗戦を祝う大演奏会が状況を変えた。この演奏会が大評判を呼び、企画者のゾンライトナーの下には、あの感動をもう一度という声が続々と寄せられたのである。そうした声を集約したゾンライトナーは、自分たちの聴きたい曲、それも家庭での演奏が難しい大規模な作品を含めたレパートリーを、一般の人々も聴けるような組織を作ることを決意した。これが、ウィーン楽友協会である。

楽友協会は、その名が示す通り、「音楽を友とする」ことを理念に掲げていた。それゆえ、音楽愛好家であれば特権階級／非特権階級の区別なく、会費を納めれば会員になれた（逆に職業音楽家は、いかに優秀な才能を具えていても正会員にはなれなかった）。つまり、ナポレオン敗戦祝賀演奏会の場で出現した「音楽を前にした平等」が、恒常的に実現する運びとなったのである。

またそうした意味で、楽友協会は、ウィーンの文化状況だけでなく、社会状況をも変化させていった。なお楽友協会の会員は、たんに音楽を聴くだけでなく、その優れた腕前で音楽を上演する側にまわる者もおり、協会の催す演奏会を盛り上げていった。またそうした会員向けに、より高度な音楽的技術や知識をつけてもらうべく、楽友協会の運営する音楽院が誕生したり、音楽のことであれば何でも集めようという資料館が設けられたりした。

このようにしてウィーン楽友協会は、宮廷に独占されていた音楽が、市民に開放されてゆく流れを作った。またその流れこそが、市民が力を付けていった一九世紀のウィーンの音楽文化を支え、この街が現在に至るまでの「音楽の都」となる素地を作ったのである。

ナポレオンの敗戦祝いと声楽付き交響曲

ところで、ベートーヴェンもまたナポレオンの敗戦を祝う曲を作っている。ロシア戦線の翌年の一八一三年、スペインのビトリアで、ナポレオン率いるフランス軍と、ウェリントン公爵アーサー・ウェルズリー（一七六九―一八五二）率いるイギリス軍が激突。結果は後者の勝利に終わり、ナポレオンはさらなる窮地へ追い込まれた。

この報せはウィーンにもすぐさま届き、一八一二年と同様の熱狂を引き起こすこととなる。そうした中、この街で活躍していた発明家ヨハン・ネポムク・メルツェル（一七七二—一八三八）が、自らが考案した自動合奏機械「パン・ハルモニコン」のPRのために、ウェリントン公の勝利を称える曲をベートーヴェンに依頼した。なおメルツェルは他にもメトロノームや独自の補聴器を発明した上、有名音楽家だったベートーヴェンをモニターとして、それらの売り上げを伸ばすという商才にも長けていた。

こうして生まれたのが『ウェリントンの勝利　あるいはビトリアの戦い』、別名「戦争交響曲」だ。作品が長大かつ複雑になりすぎたこと、「パン・ハルモニコン」の性能が今一つだったこと等が原因で、結局オーケストラ曲として発表され、大当りを取った。後に「第九」をウィーンで初演してほしいという嘆願書がベートーヴェンのファンから寄せられた際にも、「『ウェリントンの勝利』の感動をもう一度！」という一文がその中に含まれていたほどである。

なお『ウェリントンの勝利』はオーケストラのみによる作品だが、その別名でもある「戦争交響曲」というタイトルを戴いた作品は、同時代の他の作曲家のものにも見受けられる。たとえばミュンヘンに活躍したペーター・フォン・ヴィンター（一七五四—一八二五）も一八一四年、『戦争交響曲』と題した作品を書いている。しかもそこには、オーケストラだけでなく合唱ま

『ウェリントンの勝利』のピアノ編曲用楽譜の表紙（1816年、作者不詳、所蔵：Österreichische Nationalbibliothek）

でもが登場し、軍歌や愛国歌を歌うのである。器楽曲である「交響曲」に声楽が参加する――。これについては「第九」がパイオニア的存在のように言われるが、そうではない。実のところ、ヴィンターの『戦争交響曲』然り、あるいはゲオルク・フォーグラー（一七四九―一八一四）の書いた『バイエルン愛国交響曲』（こちらにも任意で合唱が登場し、バイエルンの愛国歌を歌い上げる）然りである。ただし、現在私たちがイメージする、たとえば「第九」に象徴される「交響曲」と、ヴィンターやベートーヴェンの「戦争交響曲」、あるいはフォーグラーの『バイエルン愛国交響曲』とは何かが違う。それらは、ナポレオンとの戦争の中で生まれた、あくまでも「機会音楽」にすぎず、いわば時代の徒花《あだばな》のごとく見なされているのだ。

「交響曲」の元々の立ち位置

というのも、現在では、「交響曲」というジャンルが、西洋クラシック音楽の王道レパートリーと化しているからである。さらに言えば西洋クラシック音楽とは、人間の精神を揺り動かす崇高な芸術音楽である、という見方が根強い。

しかし、交響曲とは元々そんなにかしこまったものではなかった。英語で表記すればSymphonyとなるこのジャンルは、文字通り「響き(Phone)」を「交わし合う(Sym)」という、きわめてシンプルな意味合いだったのである。しかも、「交響曲」で求められるのは器楽の響きであって、けっして声楽ではなかった。なぜか。

ヨーロッパでは長年にわたって、声楽のほうが器楽より上とされてきた。聖書によれば、全知全能の神は「光あれ」「地が現れよ」等と声を発することによって、この世界を創造していったからである。しかも人間に関しては、「神が自身に似せて創った」という記述がある。つまり人間の身体と神の身体はそっくりにできているとなれば、声とは、人間が発するものの中でもっとも価値が高いという理屈になる。

逆に、人間が手を用いて何か(その中には楽器も含まれる)を作ることは、好ましからざる行為と見なされた。聖書の解釈次第だが、神は人間のみに関しては、自らの手を用い、土の塊をこねて創造したらしい。となると、神の被造物である人間が、神の真似をし、神に似せて作られた手を使って何かを生み出すことには、神の領域を冒す危険性が潜んでいる。

こうした宗教的、思想的背景もあって、西洋音楽においては、長らく器楽よりも声楽のほうが優位だった。オペラ、オラトリオ、また宗教曲、カンタータにせよ、主役はあくまで声楽であり、器楽集団であるオーケストラは、その伴奏をする存在にすぎない。となればSymphonyにおいて、声楽が器楽と交じり合うなど言語道断である。

こうしてSymphonyは、器楽のみが響きを交わし合うジャンルとなった。しかも、Symphonyのイタリア語読みである「シンフォニア(Sinfonia)」には、現在でも「序曲」という意味合いがあることからもわかるように、オペラやオラトリオ等の幕開けに演奏されるものだった。つまり、これから始まる声楽主体のパフォーマンスに向けた花道を用意するための開幕ベル、あるいは出囃子だったのである。

それが徐々に、人々の注意を喚起するための工夫が施されるようになった。結果として、最初は賑やかに、真ん中は静かに、最後は再び賑やかにという三つの部(あるいは楽章)からなるスタイルが整えられてゆく。そしてやがては、器楽を主体とした「演奏会」にも採り入れられるようになるのだが、Symphonyあるいは Sinfoniaと銘打ってはいても、それぞれの楽章が一つの演奏会の中で、ばらばらに演奏されることも珍しくなかった。

「開幕ベル」から「聖なる作品」と化した交響曲

そんな状況が大きく変化していったのが一九世紀である。力を蓄え始めた市民は、それまで特権階級に独占されてきた様々な文化――その中には宮廷を中心に育まれてきた音楽文化も含まれる――を、自分たちも手に入れようとした。ただし往々にして、彼ら好みのアレンジが加えられていった。

そうした中で、演奏会のあり方も変わってゆく。一八世紀までは、交響曲がばらばらの形で上演されても平気だったことからもわかるように、演奏会とは音楽を「楽しむ」場であり、途中入場や途中退室、飲食、歓談も許されていた。つまり、ぜいたくや快楽を旨とする貴族をはじめとした特権階級の生活様式が反映されていたのである。音楽家もまた、音楽を能《よ》くする家来として、特権階級に依存しつつ活動していた。

ところが、特権階級の支配下に甘んじていた市民階級が力を得るようになると、音楽家の自立が始まる。彼らの作る曲は特権階級が野放図に消費する対象ではなくなり、音楽家自身もその一員である市民階級にとっての、かけがえのない「作品」と化した。

つまり、音楽家の側としては、自らの曲を誰も侵すことのできない確たる「作品」として提供したい。一方、市民を中心とした聴き手の側も、もはや特権階級の家来ではなく、自分たちの代表として自立した存在となった音楽家の「作品」に、真剣に向き合おうとする。

こうした作り手、受け手双方の需要と供給のあり方の変化を背景に、一八世紀まではであれば、オペラや演奏会の脇役として軽視されてきた交響曲をあえて主役の座に据え、聖なる音楽の代表格のようにしようとする動きも出始める。交響曲は声楽を伴わない＝テキストを伴わないがゆえに、「自己」を確立し始めた市民階級を中心とする聴き手一人一人が、その内容を自由に解釈できる余地が大きい。加えて、旧来の交響曲に比べ、より劇的なメロディや広範なダイナミクスを通じてもたらされるオーケストラの壮大な響きは、聴き手を否応なく感動へ導くことで彼らの魂を奮い立たせ、浄化させるに充分な力を秘めている。一九世紀の交響曲が、西洋音楽の器楽ジャンルの中でもとりわけ、崇高あるいは神聖な存在と目されてゆく、さらには音楽そのものに「感動」が必須とされてゆく所以である。

そんな交響曲を書いた典型こそ、ベートーヴェンであった。たとえば「運命」と呼ばれる『交響曲第五番』は、日々様々な闘いに明け暮れる市民の心を否応なく奮い立たせるような「暗から明へ」「闘争を経て勝利に至る」プロセスを明確に描き出す。しかも、それが最も鮮明に描かれる第三楽章から第四楽章にかけては、両楽章を切れ目なく演奏するよう、ベートーヴェン自身によって楽譜に指示がなされているほどである。

これは、今や自立した音楽家となった自分の曲、しかも音楽史の中では脇役扱いだった交響曲をれっきとした「作品」として聴いてほしい、という明確なメッセージに他ならない。またそれを受け止める聴き手の側も、曲中に生起する様々な楽想を感動とともに、自らに向けられたメッセージとして真剣に受け止めるようになる。

となると逆に、『戦争交響曲』や『バイエルン愛国交響曲』の類が、ベートーヴェン的な交響曲の風上にも置けない存在と見なされるのは当然だろう。『ウェリントンの勝利』についても、ベートーヴェンの生前における大評判とは裏腹に、現在では彼の作品中最大の駄作という評判が根強いのは、そうした所以である。

スランプ期？　に生まれた「第九」の萌芽

ただし重要なのは、『交響曲第五番』も『ウェリントンの勝利』もともに、まぎれもないベートーヴェンの作品であるという点である。つまり彼は、それまでの交響曲のあり方を一八〇度転換したのではなく、いくつかの作品を通じてそのきっかけを作ったにすぎない。

『交響曲第五番』に限らず、「闘いと勝利の人ベートーヴェン」といった印象の強い作品を彼が次々と手掛けていったのは、一八〇〇年過ぎ頃からせいぜい一八一二年頃までと言われている。いわゆる「ベートーヴェンの中期」と言われる時期で、そこでは耳の病の深刻化と克服、ナポレオンがもたらした希望と混乱、「不滅の恋人」を含む様々な女性たちとの熱烈な恋愛と失恋といった、彼の人生の中でも激動期と重なっている。そして、この時期にベートーヴェンの傑作も続々誕生した、というのが一般的な見方だ。

ただしこの時期においてすら、ベートーヴェンが常に「闘争を経て勝利に至る」作品ばかりを手掛けていたわけではない。彼のトレードマークともいえる交響曲でも、そうした流れの中に展開される作品といえば、番号付きの九曲中、『交響曲第五番』と「第九」しか存在せず、しかも「第九」は、遥か後の一八二〇年代に作られている。

さらに『ウェリントンの勝利』を書いた一八一三年以降になると、ナポレオンの失脚に沸くウィーンの状況を反映するかのように、祝祭性に満ちた華やかな曲が手掛けられるようになってゆく。そしてこれらがベートーヴェンらしくないという理由から、この時期の彼がスランプに陥っていたという見方が生まれたのだが、はたしてそうだろうか？

たとえば「第九」との関連で言えば、一八一二年から一三年頃、ベートーヴェンはシラーの「歓喜に寄す」をテキストに用いた序曲を作る構想を抱いていた。しかも「序曲」と銘打たれてはいても、オペラや演劇の幕開けのためのものではなく、れっきとしたオーケストラ曲（加えてこの構想では声楽も入る）だった。

また、「第九」の特徴として挙げられる、大太鼓、シンバル、トライアングルといった打楽器、あるいはそれらとともに登場するピッコロの使用に着目してみよう。これらは元々、トルコの軍楽隊で用いられていた楽器で、それが徐々にヨーロッパにも浸透していった。西洋音楽のオーケストラでは、打楽器はティンパニ、横笛はフルートが用いられるのが通常だったところに、あえてトルコ伝来の楽器を飛び道具として入れることで、非日常的な輝かしさや、常識を打ち破るメッセージ性を表現しようという狙いである。

これらの打楽器を「第九」に先立ち、ベートーヴェンはいくつかの作品で用いている。『ウェリントンの勝利』、劇音楽『アテネの廃墟』、カンタータ『栄光の時』がそれだ。しかも後者二つは、「第九」同様に声楽とオーケストラが共演し、特に『栄光の時』では打楽器群が華々しく打ち鳴らされる中、「第九」さながらに声楽がハイテンションの歌唱を繰り広げる(『アテネの廃墟』で打楽器が用いられるのは、『トルコ風行進曲』と題された場面転換の音楽である。「ベートーヴェンのトルコ行進曲」として知られる曲だが、ここでは声楽は登場せず、オーケストラのみである)。

なお『アテネの廃墟』は一八一一年、『栄光の時』は一八一四年の作品であり、成立年代としてはそれらの真ん中に『ウェリントンの勝利』が挟まっている。つまりこれらもまた、いわゆる「中期」と「スランプ期」が重なり合う頃に生まれた曲である。つまり、いかにもベートーヴェンらしい作品の典型と言われる「第九」の萌芽は、彼が彼らしからぬ作品を書いたスランプ期と巷間見なされている時期に育まれていったのである。

さらに「ベートーヴェンのスランプ期」には、ある特徴が見られる。時の権力者のために、彼らからの依頼で、ベートーヴェンが次々と曲を書いたという点である。

たとえば、『アテネの廃墟』と並び、同じ機会(一八一二)に初演された劇音楽『シュテファン王』がそれだ。これら二作品は、ハンガリーの中心地ペシュト(現在のブダペストの一部)に王立劇場が完成するにあたり、柿落しのために作曲依頼を受けたものである。なお、当時ハンガリーはハプスブルク家の支配下にあり、同家の君主(つまりオーストリア皇帝)はハンガリー王も兼ねていたため、王立劇場の創設にはフランツ一世を称え、オーストリアに対するハンガリーの忠誠を促す目的が具わっていた。そのため『アテネの廃墟』にも『シュテファン王』にも、「祖国万歳」「君主万歳」というフレーズが度々登場する。それも道理で、これらのテキストを書いたのは、政治的にはきわめて体制寄りの立場をとり、やがて学生運動の過激分子に殺されたアウグスト・フォン・コッツェブー(一七六一―一八一九)という劇作家だった。

一八一四年三月には、イギリス、ロシア、プロイセン、さらにフランスと元々同盟を組まされていたオーストリアも加わってパリへの攻撃がおこなわれ、ナポレオンが権力の座から引きずりおろされた。それを祝い、ウィーンの宮廷劇場では新作の歌芝居『よき報せ』が上演される運びとなり、この街在住の六人の音楽家に作曲が依頼される。ベートーヴェンもその一人であり、彼は歌芝居のトリを飾る『ゲルマニア』という祖国礼賛の軍歌調の曲を書いた。

さらに同年の秋以降、ナポレオン失脚後のヨーロッパの再編をめぐり、ウィーンで国際会議が開催される。いわゆる「ウィーン会議」である。会議と並び話題を呼んだのが、各種宴会はもちろん、舞踏会、オペラ、演劇、演奏会等々のアトラクションだった。ここでもベートーヴェンに次々と作曲依頼が舞い込んだ。先ほども触れた『栄光の時』をはじめ、『連合君主に寄せる合唱』、さらに、これまた複数の作曲家が共作し、宮廷劇場で上演された歌芝居『凱旋門』の終曲『成就せり』——。これらの作品が、ウィーン会議の時期を中心に作られていった。

このような彼の姿は、「権力に屈せず孤高の闘いを続けた」といった、よくあるベートーヴェンのイメージからはかけ離れたもののように思われるかもしれない。だが既に何度か述べたように、ベートーヴェンはけっして君主制そのものを否定する共和主義者ではなかった。市民階級の魂を鷲摑みにするような曲を発表したり、彼らのために演奏活動や作曲活動を展開したりする一方で、自分に敬意を払い、支援してくれるのであれば貴族とも親しく交際した。

しかもベートーヴェンは、ウィーンを本拠地として以降、フリーの音楽家であり続けた。ここにも、フランス革命後の混迷やナポレオンの台頭によってウィーンの宮廷文化が停滞し、そこに経済的に依存できなくなった状況が少なからぬ影響を及ぼしている。また、だからこそ彼は、貴族階級とも市民階級とも交流しながら活動を展開していった。

しかも当時の音楽家は、演奏活動のかたわら作曲活動もおこなうというスタイルが一般的だったところを、ベートーヴェンの場合は耳の病により、演奏活動ではなく作曲活動に比重を移さざるをえなくなっていた。となればいきおい、作曲の依頼元は重要な顧客であり、特に経済的にも豊かな、たとえば宮廷関係はよい得意先だった。

ウィーン会議は、おびただしい作曲依頼、しかも高額の収入をもたらす大規模な作品の依頼をもたらしてくれるという点で、千載一遇のチャンスだった。しかもウィーン会議の公式アトラクションとは別に、自分で演奏会を企画しては、人気曲の『ウェリントンの勝利』等を指揮した。ウィーンっ子はもちろん、会議を見物しにウィーンへ集まって来た多数の人々をも含む聴衆がもたらしてくれる入場料を、ベートーヴェンはそっくり自分の収入にした。

しかもこの会議は、一〇年以上の長きにわたって各地に戦禍をもたらしてきたナポレオンの影を一掃し、ヨーロッパ中に安定と平和をもたらすことを目標としていた。フランス革命の思想を大切にするがゆえに、徐々にナポレオンへの失望を抱くようになったベートーヴェンにしてみれば、ウィーン会議のために活躍できること自体が喜びとなったことだろう。

メッテルニヒによる保守反動体制の確立

ただし、ウィーン会議とベートーヴェンの良好な関係は「同床異夢」にすぎなかったことが次第に明らかになる。実のところ、ナポレオンの影響をヨーロッパから締め出すことを目標とするこの会議は、彼がもたらした戦争状態を終結させると同時に、彼が掲げた錦の御旗である「自由・平等・友愛」というフランス革命精神をも一掃することを狙っていた。

結果、ウィーンを中心に厳しい思想弾圧が敷かれるようになった。検閲がこれまで以上に強化され、街のいたるところに秘密警察官が配備される。革命思想への共感はおろか、体制批判的なことを口にすれば、すぐさま逮捕、監禁されるという、オペラ『レオノーレ』でかつてベートーヴェンが描いた以上の恐怖政治が始まった。

それでも、多くの市民は抵抗しなかった。統制が厳しかったことももちろんだが、平和を取るか自由を取るかという、体制側の示す二者択一を前に、彼らは平和を選んだのである。つまり、ナポレオンの全盛期のように度重なる戦争に見舞われては、自分や家族の生命が危険に晒されるだけでなく、市民が自らの地位を築くために何よりも重要な経済活動が滞る。彼らは自由を断念しつつ、平和な生活を求めたのである。

なおウィーン会議を通じて確立されたこの保守反動体制は、「ウィーン体制」あるいは「メッテルニヒ体制」とも呼ばれている。後者は、ウィーン会議を実質上取りしきった、オーストリア帝国の外相、クレメンス・フォン・メッテルニヒ（一七七三―一八五九）に由来する。貴族の出身だった彼は、ナポレオンも革命思想もこころよく思っておらず、ヨーロッパをフランス革命が勃発する以前の状況に戻そうとした。またそれゆえに、ウィーン会議で各国の利害が対立すると、巧妙かつ辛抱強く調整をおこない、会議を成功へと導いた。

このきわめて老獪な政治家は、自由か平和かの究極の選択を市民に突きつけて、前者を選び取らせる道を整えた。また、政治以外の事柄であればある程度の自由を市民に許し、彼らの不満が溜まって革命が起きないよう、ひそかなガス抜きもおこなった。こうした功績を買われて、メッテルニヒはオーストリア帝国宰相の座に上りつめただけでなく、その地位に三〇年以上君臨することとなる。

「もの言えぬ時代」の最中で変化する作風

ナポレオンの凋落からウィーン会議にかけてウィーンを支配していた祝祭的な高揚感が、保守反動体制の確立を通じて一挙に色褪せてゆく――。そうした中でベートーヴェン自身、数年来手掛けてきたようなハイテンションの大規模作品を書くこともなくなった。ウィーン会議の終了とともに、そうした依頼が止んだだけではなく、そもそもそのような傾向の曲を手掛ける気も失せたということだろう。

それは、交響曲の作曲にも見てとれる。交響曲はベートーヴェンにとって、大オーケストラを駆使して自らの思想や理念を大勢の人々に訴えるメディアとしての役割を果たしてきた。それゆえに、「闘争を経て勝利に至る」タイプをはじめとする多彩な交響曲を、彼は作曲活動の節目節目に発表してきたのだった。ところが一八一二年に作曲され、一八一四年に公開初演された『交響曲第八番』を境に、ベートーヴェンはぱたりと交響曲を書かなくなってしまう（彼は一八一二年の時点で、前作の『交響曲第七番』と当『交響曲第八番』に加え、ニ短調の新作交響曲――その一〇年後に本格的に着手された「第九」もニ短調に基づいて書かれることとなった――を作り、いわば三曲をセットにして世に広めたいと考えていたようだが、結局その計画は実現しなかった）。

なぜか。保守反動体制の下、秘密警察官が至るところに潜んでいるような状況にあって、音楽という抽象的な言語を通じてとはいえ、自らの姿勢を声高に主張するのは危険だった。また、自由よりも平和を求めるようになった市民をはじめとする聴衆を前に、そうしたことをあえておこなう積極的な意味合いもなかった。そもそも、ベートーヴェン自身が信奉していた革命思想自体、フランス革命そのものの混乱、ナポレオンの侵略、ウィーン会議を経た保守反動体制の確立の中で、新鮮味や現実味をすっかり失ってしまっていた。

こうしてベートーヴェンは、交響曲をはじめ、もはや「大声」で人々に訴えかけることをほとんどおこなわなくなる。それにかわって、これまでも折に触れ手掛けてきたピアノ・ソナタや弦楽四重奏曲といった、室内で少人数が演奏し、聴くようなジャンルを集中的に作曲するようになった。しかも、そうして生まれた作品の多くは長大で、技術的にも解釈的にもきわめて深く難解なものだった。室内楽というジャンルは、元はといえば音楽愛好家が手掛け、また彼

保守反動体制の下における思想統制の風刺画(1829年、1820年発表の原画に基づく、作者不詳)

らの購入を見込んで楽譜が出版され、その収入を作曲者が得る、という流れになっていた。だが、あたかもそうした流れを無視するかのように、ベートーヴェンは自らの内へ内へと閉じこもり、内面をひたすら掘り下げる作品を作ってゆく。

このように再び作風を変化させたベートーヴェンを評し、彼が「後期」のスタイルに達したとする見方がある。つまり、一時のスランプ期を脱して孤高の境地に達し、深遠な作品をじっくりと発表していった、というわけだ。ただしその背後には、保守反動体制による「もの言えぬ時代」が存在していたことは否めない。ベートーヴェン自身、そうした冬の時代に堪えながら、従来とは異なるスタイルの創作活動に転換せざるをえなかったのである。

第3章

その方を星の輝く天幕の彼方に探せ

理想の希求と「第九」誕生への道

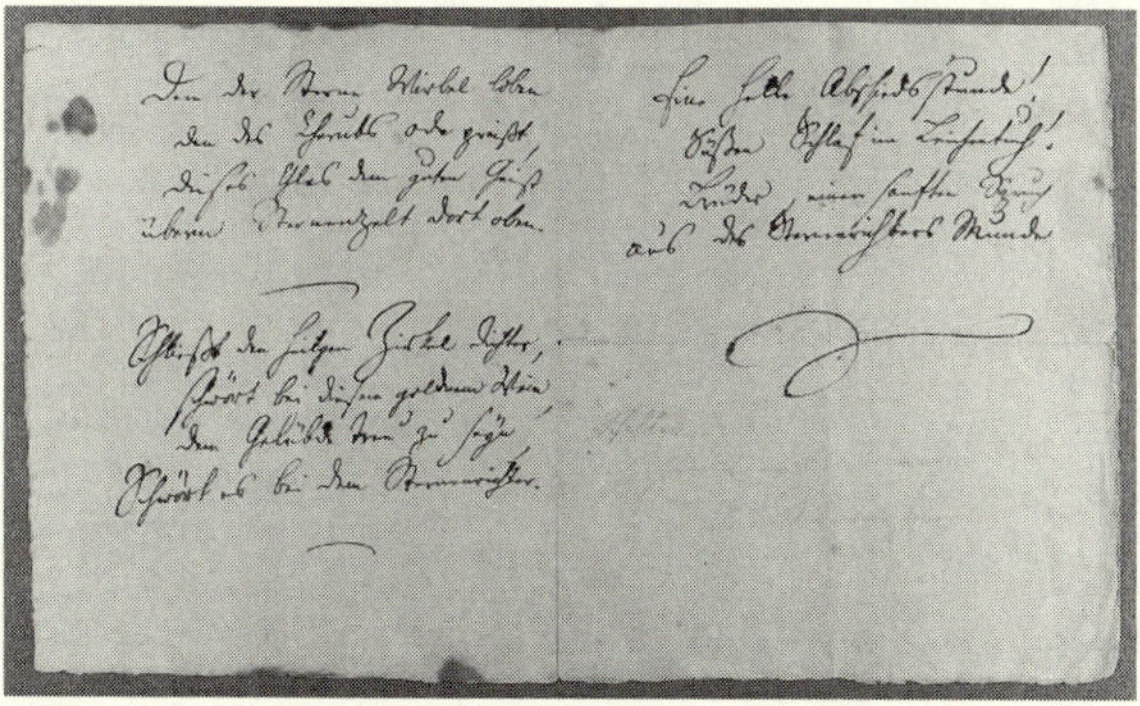

「歓喜に寄す」(初版)の第9節、シラーによる直筆

『修道僧の歌』

ベートーヴェンがシラーのテキストに曲を付けた作品は二つ存在する。一つは「第九」、もう一つは「第九」が完成される七年前の一八一七年に作られた『修道僧の歌』だ。男声三重唱という編成で書かれている。

歌詞の内容は次の通りである。

死はすぐに人間のもとへやって来る／猶予など与えてはくれない。／人生の直中で人間を突き落とし／あらゆる生から引き離す。／準備していようがいまいが往かなければならない！／そして裁き手の前に立つ定めなのだ！

これは、シラーが死の前年、一八〇四年に完成させた戯曲『ヴィルヘルム・テル』、英語読みにすると『ウィリアム・テル』の一節である。オーストリアに支配されていたスイスの人々の独立運動を、前者を象徴する悪代官ゲスラーと、後者を象徴する弓の名人テルとの闘いを通じて描いたものだ。上のテキストはその大詰め、テルが様々な困難を経た後に、自慢の弓でゲスラーを倒した後、ゲスラーの亡骸を前にした修道僧たちによって歌われる。つまり、正義が勝利する中で辿った独裁者の成れの果ての姿である。

シラーがテルの物語を知ったのは、一七八九年頃のことと言われている。「歓喜に寄す」執筆のきっかけをもたらした逃亡生活の最中であり、またフランス革命が勃発し、革命そのものが希望に輝いていた時期である。最期の瞬間に人間が裁き手の前に立つという構図も、「歓喜に寄す」の初版と共通する点だ。

ということは、テキストに書かれている内容こそ厳粛であるものの、これに曲を付けるのであれば、「正義の勝利」を彷彿させる勇壮なものにしてもおかしくはない。まさしく「歓喜に寄す」が出版された当時、この作品に曲を付けた多くの音楽家のように。

だがベートーヴェンは、そうしなかった。たしかにシラーのテキストを基にしているという点で、「第九」の特に合唱の前半部分のような世界を期待すると、完全に裏切られる。曲想はどこまでも沈鬱で、救いようのない内容となっているからだ。

それもそのはず。この曲は、ベートーヴェンの友人であり、ウィーンの宮廷楽団でヴァイオリン奏者を務めていたヴェンツェル・クルムプホルツの急逝を受けて書かれたものだからである。つまり、親しい人へ向けられた追悼歌であった。しかも一八一六年の秋以降、ベートーヴェン自身が胃腸の病を抱え続けるようになり、自らに迫りくる死を考えざるをえなくなったことも、こうした作品が生まれる要因となったのだろう。

そうでなくても当時のベートーヴェンは、大変な問題を抱えていた。甥カールをめぐる親権問題である。

甥の親権をめぐる裁判

そもそもの発端は、ベートーヴェンのすぐ下の弟であるカスパール(一七七四―一八一五)が息子を遺し、一八一五年に亡くなったことだった。妻は存命中で、本来であれば彼女に親権が渡るはずだったのだが、そこにベートーヴェンが立ちはだかったのである。

カスパールの妻、つまりカールの母親はヨハンナといい、独身時代に両親から窃盗罪で訴えられたこともある経歴の持ち主だったが、やがてカスパールと交際するようになり、妊娠をきっかけに両者は結婚する。ただしこうした彼女の前科がベートーヴェンを激怒させ、兄弟の関係も一時疎遠となった。また結婚後も、ヨハンナは自らの借金の返済に充てるべく横領事件を起こして逮捕され、禁錮刑を言い渡されたことがある。ベートーヴェンにとってヨハンナは、弟の妻として、ましてや自分の義妹としてふさわしくない存在だった。

そうした最中、カスパールが結核にかかり重篤となる。カスパール本人が遺言書をしたためるが、当初八歳だったカールの後見人をベートーヴェンに定めていたところを、遺言補足書ではヨハンナも共同後見人とする旨を追記。これがもとでカスパールの死の直後から、両者の後見人争いが勃発する。裁判が繰り広げられ、双方が勝訴や敗訴や追訴を繰り返したあげく、ようやく五年後にベートーヴェンが完全に勝利を得た。

なぜここまでベートーヴェンがカールの親権取得にこだわったかについては、様々な見解がある。幼い頃に父親から受けたトラウマの克服、相次ぐ恋愛の破綻で家庭を持てなかった寂しさの穴埋め、ひとかどの地位を築き上げた自負心、ヨハンナが二度にわたる「前科者」であったこと……。ただし重要なのは、特にカスパールが亡くなった一八一五年の秋以降、一八一七年の半ば頃までは、新作がほとんど完成されていないという点である（その間は、これまで作った作品の出版にあたり、校正や出版社とのやりとりに追われていた）。

つまり、裁判に傾注するがあまりに、作曲どころではなくなった。あるいは作曲に向け続けてきたエネルギーの大半を、裁判に注ぎ込んだとも考えられる。だがそれは耳の病を逆手にとって、演奏活動に代わり、作曲活動を中心とする音楽家として活躍してきたベートーヴェンにとってみれば、自らの足元をぐらつかせる行為ではなかったか。

つまりトータルで考えると、カールの親権をめぐる裁判は、ベートーヴェンが作曲活動から遠ざかる必要条件ではあるが、充分条件ではなかった。あるいは体調不良も、ウィーン会議中に起きた「作曲依頼バブル」の終焉も、彼の新作が著しく減少する直接的な原因だったのかもしれないが、それだけではなかったろう。つまり保守反動体制のもたらした自由の弾圧、さらにはそのそもそもの遠因となったフランス革命の混迷とそれに対する失望と徒労感が、ベートーヴェンの中にのしかかっていたとはいえないか。

現代のプロメテウス

フランス革命への失望と疑念。これは当時、ひとりベートーヴェンが抱えていた問題ではない。彼の同時代人の少なからぬ人々、しかも革命思想に熱烈な想いを寄せた人々ほど、こうした傾向は強かった。

その一人が、イギリスの作家メアリー・シェリー(一七九七―一八五一)、旧姓ウルストンクラフト・ゴドウィンである。彼女は、当時不倫関係にあった(後に結婚)詩人のパーシー・ビッシュ・シェリー(一七九二―一八二二)と駆け落ちすべく、彼らの前に立ちはだかる旧弊なイギリス社会に決別し、憧れの革命の地フランスへ逃避行する。一八一四年のことだ。ところがそこでメアリーは、大きな幻滅を体験する。たとえば、南仏プロヴァンスを訪ねた時のことだ。

私たちは、ほぼ忘れかけていた出来事を思い出させるような光景に出くわした。つまりフランスこそは、近年、偉大であるとともに尋常ならざる出来事が起きた地だったのである。翌日の正午頃に私たちが到着したノジャンという街は、コサックにより完全に荒れ果てていた。この野蛮人たちが進軍の際におこなった破壊行為ほど、酷いことはなかった。ひょっとして彼らはモスクワを、またロシアの村々を破壊した時のことを思い出したのかもしれない。だが私たちがいたのは、他ならぬフランスだった。家を焼かれ、家畜を殺され、財産を奪われた住民の悲歎は、戦争に対する私の嫌悪感をいっそう強くした。それはこの国を旅した経験のない人には、想像もつかないことだろう。この国は、傲慢になった人間が自らの仲間に災難を及ぼしたことで、今や略奪と荒廃とに晒されているのである。

（『六週間の旅の記録』〈一八一七〉より）

フランスを訪れたことがついぞなかったシラーが、それでもフランス革命の泥沼化の中で『鐘の歌』で描いた世界を、メアリーは目の当りにした。しかもその体験が、彼女の中で色褪せることはなかったのだろう。一八一六年に執筆を開始し、一八一八年に匿名で出版した小説『フランケンシュタイン』にも、それは色濃くにじみ出ている。

小説は、フランケンシュタインという名の秀才青年が、自然を意のままに操りたいという欲望に駆られた結果、死体を使って人造人間を創り出すところから始まる。だがその人造人間は、並外れた知恵や力を身につけるものの、容姿だけは非常に醜かったために人間社会から怪物扱いされる中

1814 年に起きたフランス北東戦役による地方の荒廃（1826 年、オラース・ヴェルネ画）

で、自分を迫害する人間を次々と殺してゆく。またこうした状況の下、フランケンシュタイン自身破滅に追い込まれ、悲惨な死を遂げる――。

実はこの小説には、副題が付けられている。「現代のプロメテウス」というものだ。プロメテウスとは、神々の掟を破り、寒さや恐怖に震える人間に火を与え、それゆえに壮絶な罰に晒されたギリシア神話に登場する神のこと。その存在は、暗きに置かれた人間に希望の炎をもたらす象徴と化して、特にフランス革命期には熱狂的に持てはやされた。

ベートーヴェンも、ウィーンで活躍し始めた頃、宮廷劇場で初演されたプロメテウスを主人公としたバレエ『プロメテウスの創造物』のための音楽を書いている。特にその終曲に登場するメロディは、元々ナポレオンを称えるために作った『交響曲第三番』の終楽章にも用いられることとなった。

だが当のギリシア神話においてすら、プロメテウスのもたらした炎は、希望の象徴である反面、その火を用いた人間が武器を作り、戦争を始めるきっかけを作った存在として描かれる。シラーが『鐘の歌』の中に記したフランス革命批判の一節、「そんな永遠に盲目の人間に／天上の火を与えてもよかったのか。／天上の火に彼らは照らされず　かえってその火をもてあそび／街も国も灰燼に帰させてしまった」も、この故事を踏まえている。

メアリーが『フランケンシュタイン』に描いた主人公の姿も、まさにそうした意味で「現代のプロメテウス」だった。フランス革命という希望の象徴が、当の革命が暗礁に乗り上げた後は、失意の象徴へと変わってしまったのである。

そうした状況の中で、ベートーヴェン自身も、もはやかつてのようにプロメテウスへの憧れを宿した作品など、安易に作れなかっただろう。そうであればなおのこと、作曲活動が滞り、そのためのエネルギーが親権裁判に注がれるようになったのは当然である。

ロンドン・フィルハーモニック協会からの依頼

もちろんベートーヴェンの置かれたこのような状況を、単なるスランプと捉えるのにも無理がある。というのも、スランプがあるからこそ次なるステップが存在するわけであり、それへ向けた新たな模索を彼がおこなっていた、と見なすことも可能だからだ。

「交響曲」も例外ではない。かつてのベートーヴェンは、世直しへの希望に燃えつつ、交響曲という不特定多数の人々に訴えかけるジャンルに、様々な革新をもたらした。だがそうした希望が潰《つい》える中、それでも新たに交響曲を書こうというのであれば、そこに未曾有の要素が必要なのは言うまでもない。

ベートーヴェンの中に、従来とはまったく異なるスタイルの交響曲への思考が浮かんでは消えてゆく。それが実を結ぶには、きっかけが加わればよい。そしてその機会は、一八一七年の初夏にやって来た。ロンドンのフィルハーモニック協会から、二曲の新作交響曲の委嘱と、それらを携えて一八一八年のシーズンに出演してもらいたい、という手紙が舞い込んだのである。

手紙を書いたのは、当時フィルハーモニック協会の理事を務めていた音楽家のフェルディナント・リース(一七八四―一八三八)。元はといえばボンの出身で、父のフランツ(一七五五―一八四六)もボンの宮廷音楽家として活躍していた。そうした事情からベートーヴェンはウィーンで活躍するようになるとリースを弟子にとり、また彼も師のベートーヴェンを何くれとなく支えた。

やがてリースは、ヨーロッパの様々な都市で活躍した後、一八一三年にロンドンへ赴く。ロンドンには、かつてハイドンをこの街へ招聘した興行師ヨハン・ペーター・ザロモン(一七四五―一八一五)が健在で、しかもザロモンも元々はボンの宮廷音楽家として活躍し、リースの父フランツの師を務めた、という人間関係だった。当時ザロモンは、ロンドンの名だたる音楽家とともにフィルハーモニック協会を設立したところであり、その活動に加わるようリースを勧誘した。それがベートーヴェンへのロンドン・フィルハーモニック協会からの依頼へと繋がったのである。

そうでなくても、かねてからベートーヴェンとロンドンはそれなりの関係があった。ベートーヴェンの楽譜はロンドンで正規の版権の下に売り出され、彼に一定の収入をもたらしていた。

またベートーヴェン自身、イギリスでの出版を念頭にアイルランド民謡やスコットランド民謡の編曲をおこない、特に一八一六年に胃腸関係の病を得ていた際には、この「バイト仕事」が貴重な実入りとなった。

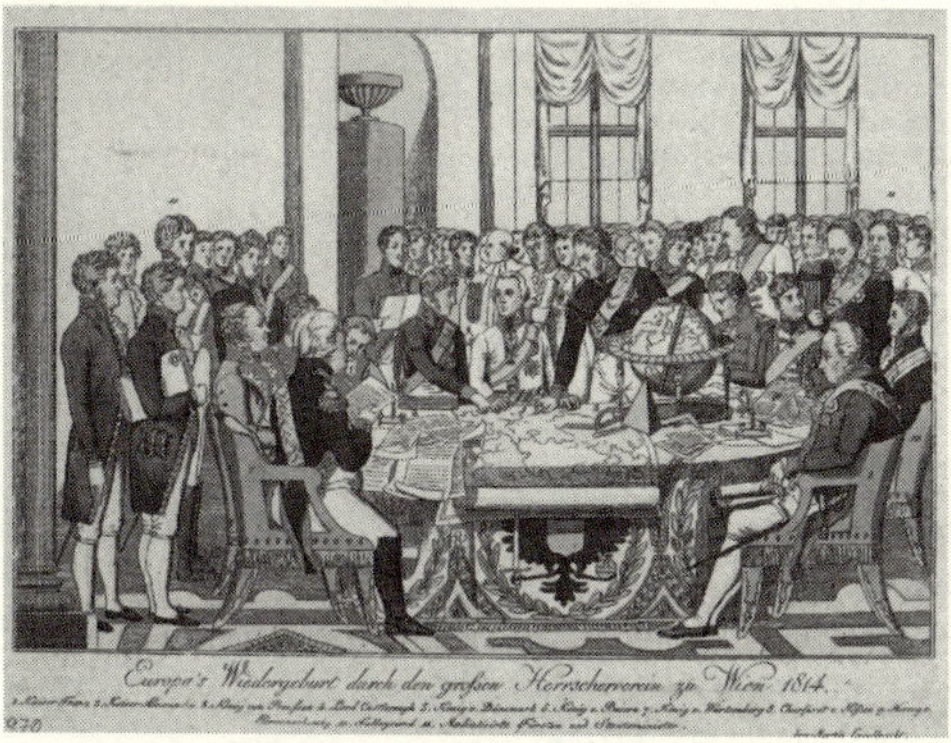

ウィーン会議に集ったヨーロッパ各国の君主や政治家。中央の白い軍服姿の人物はオーストリア皇帝フランツ１世(1814 年、作者不詳)

フィルハーモニック協会とは

一八一三年に設立されたロンドンのフィルハーモニック協会は、会員が演奏会を企画、運営するという点を除けば、前年に創設されたウィーンの楽友協会とは様々な点で異なっていた。特に顕著なのが、楽友協会の会員が愛好家に限定されていたのに対し、フィルハーモニック協会は職業音楽家を中心としていた点である。

背景には、ウィーンとロンドンの政治的、経済的な状況の違いが挙げられる。帝政が敷かれ、貴族を中心とする特権階級の力が依然として強かったウィーンに対し、ロンドンは王政の形をとるものの、「国王は君臨すれども統治せず」の理念の下、ヨーロッパ大陸に先駆けて市民階級が力をつけていた。となると職業音楽家の世界においても、宮廷に依存するかわりに安定した地位を得られる率が高いウィーンと、フリーの立場と引き換えに不安定な境遇に晒される可能性が高いロンドン、という構図になる。

つまりロンドンでは、かつて宮廷に独占されていた音楽を市民階級が享受、消費する状況が早くから確立されていたのである。またそれゆえに、職業音楽家は宮廷から離れて多様な活動を展開できるかたわら、生計を立てるために、市民階級を顧客とする必要があった。

そこで、音楽の発信者である職業音楽家と、その受容者である聴き手を繋ぐべく、ザロモンのように音楽ビジネスに従事する者が出現する。チケットを買いさえすれば誰もが自分の聴きたい曲目や音楽家に接することのできる演奏会に足を運べる――。このような、現在ではあたりまえの演奏会のシステムが確立されたのも、ザロモンをはじめとする音楽ビジネス関係者の活躍があったからである。

だがそれだけでは、まだ盤石とはいえない。音楽マーケットの支え手の主体が市民階級である以上、彼らの懐具合は景気に左右されやすい。その解決策として創設されたのが、フィルハーモニック協会である。つまりこの協会は、職業音楽家同士の互助組織という性格を具えていた。またそれだからこそ、彼らが出演し、チケット収入を得られる演奏会を企画運営することが、会の活動の柱となった。

となると、聴衆が集まるような演奏会を企画しなければ意味がない。そこで、辣腕興行師として活躍してきたザロモンが培ってきたノウハウがものを言った。かつてヨーロッパ大陸で話題を呼んでいたスター音楽家のハイドンをロンドンに招聘し、彼の出演する数々のコンサートを大成功させた例に、フィルハーモニック協会も倣ったのである。結果、今度はハイドンの弟子でもあり、ヨーロッパの名だたる音楽家の中でも有名なベートーヴェンに白羽の矢が立った。

協会との駆け引きと新作交響曲の構想

このように、ロンドンの音楽界は「音楽消費」という点で、他のヨーロッパの国々の都市以上に異彩を放っていた。簡単に言えば、国外のスターを次々と呼んでは、彼らが出演する演奏会を成功させ、音楽業界をさらに発展させてゆく――。現代では多くの音楽ジャンルにおいて当然となっているこの現象が、ロンドンでは早くから定着しつつあった。

逆に言えばこのようなロンドンの状況は、ヨーロッパ大陸の音楽家にとってもおいしかった。というわけで、ベートーヴェンもフィルハーモニック協会からの話に早速飛びつく。しかも彼はリースに宛てて書いた返信の中で、ロンドン行きを承諾するとともに、ギャラのアップと前払いまで持ちかけている。つまりロンドンからの依頼であれば、先方の言い値以上の収入を得られるのではないかという期待、しかも自分の出演を先方が熱望しているのであればなおさらという強気の計算が働いたのだろう。

実のところベートーヴェンは、後世が創り上げた「孤高の芸術家」イメージとは異なり、自分の収入に関してはきわめて戦略的かつ貪欲だった。それは、フリーの音楽家という地位を苦心惨憺して築いてきたという矜持以上に、そのようにして活動する以上、自らの稼ぎが全てであるという状況に嫌というほど晒されてきたためである。

ただし手紙を受け取った協会はその申し出を拒否。しかもそれを受けて、ベートーヴェンも元々の条件をあっさりのむ。この点も、様々な交渉事に自ら従事してきたベートーヴェンならではの現実的姿勢の産物に他ならない。

こうして二曲の新作交響曲およびロンドン行きを承諾したベートーヴェンだが、一八一八年に計画されていたロンドンへの旅は、健康上の理由から断念される。ただし、新作交響曲の構想は引き続き練られていたようだ。

それを物語る資料が残されている。一八一八年の春、当時作曲中だった『ピアノ・ソナタ第二九番』の草稿の裏側のそこかしこに、次のような走り書きが点々と残されているからだ。

「アダージョ・カンティーク（聖歌的アダージョ）　敬虔な歌　交響曲の中に位置づける　古代の旋法（教会旋法）による」「単独で　あるいはフーガのための　序奏として　「神よあなたを私

は讃えます　アレルヤ」　ひょっとするとこの方法で　二つ目の交響曲全曲を性格付ける　もう一つはそのように最後の……楽章であるいは既にアダージョで　声楽が入る　オーケストラのヴァイオリンパートは最後の楽章で十倍に　あるいはアダージョを何らかの方法で最終楽章で繰り返し　そこで初めて声楽が　徐々に入って来る――アダージョのテキストはギリシア神話　教会の賛歌　アレグロではバッカスの祭典」。

『荘厳ミサ曲』(ミサ・ソレムニス)――「第九」に通じる世界観

これらのメモ書きは、様々な意味で興味深い。ベートーヴェンとしては新作交響曲に声楽を導入するという、交響曲の歴史に照らしてきわめて斬新な内容を考えていた。しかも一つ目のプランでは交響曲全体に声楽が用いられ、もう一つのプランでは終楽章ないしその前の楽章から声楽が登場するというものだった。つまり後者の構想こそは、終楽章に声楽が加わる「第九」の原型といえる。ただしテキストについては、まだ「歓喜に寄す」が意図されていたわけではなかった。

では前者の構想は、その後どうなったのか。これぞ、このメモ書きが残された直後からベートーヴェンが取り組むこととなる、『荘厳ミサ曲』(ミサ・ソレムニス)へと結実してゆく。この作品は、ルドルフ・フォン・エスタライヒ(一七八八―一八三一)が、当時ハプスブルク家の支配下にあったチェコの宗教都市オルミュッツの大司教に就任するにあたり書かれ始めた。ルドルフは、時の皇帝フランツ一世の弟、つまりはハプスブルク家の直系にあたり、「大公」という高い地位にいた。だがそうした地位に拘泥せず、ベートーヴェンに師事し、様々な経済支援を惜しみなくおこなったことで、ベートーヴェンも恩義に感じていたのだろう。ルドルフのオルミュッツ司教就任を祝う大規模なミサ＝荘厳ミサで上演されることを念頭に、一方《ひとかた》ならぬ情熱を注いでこのミサ曲にとりかかったが、結局一八一九年の就任には間に合わなかった。

というのも、この作品があまりにも破格のスケールを具えており、作曲にも多大な時間が必要となったからである。そもそもこのミサ曲そのものが、一時間を優に超える長さである。しかもミサでは、ミサ曲以外にも祈禱や聖書朗読や説教がおこなわれ、荘厳ミサともなれば前奏や後奏など様々な演奏も加わる。となると、この作品の長さ自体が、ミサでの実用実態を遥かに超えてしまっていることは容易に想像がつくだろう。

また曲の内容そのものが、通常のミサ曲にはない壮大さを具えている。テキスト自体は、先ほどのメモにもあった「教会の賛歌」、つまり中世以来のラテン語の典礼文によっているものの、ベートーヴェンは語句の一つ一つを吟味した上、グレゴリオ聖歌（これもメモ書きにあった「古代の旋法」のことである）はもとより、ジョヴァンニ・ダ・パレストリーナ（一五二五？―九四）、ヨハン・セバスチャン・バッハ（一六八五―一七五〇）、ヘンデルといった先達の遺した宗教作品から学び、それを当作品に反映させた。

なお、ベートーヴェンは宗教を嫌っていたかのようなイメージで語られることが多いが、実はキリスト教、それもケルン選帝侯国やオーストリア帝国に根付いてきたカトリックを篤く信仰していた。またたからこそ、本来宗教のあるべき姿とかけ離れ、特権的存在として権威を振りかざしている聖職者や教会に対しては、批判的だった。

さらに『荘厳ミサ曲』の音楽的内容を深めているのが、「第九」にも通じる世界観である。この頃に作られたいくつかのピアノ・ソナタや弦楽四重奏曲に共通して聴くことのできる、内省的で深淵な安らぎの調べ。たとえば、神のこよなき愛への感謝を歌い上げる「ベネディクトゥス」(「誉むべきかな」)において、独奏ヴァイオリンの清らかな響きを、オーケストラと合唱が柔らかに支える箇所などは、その典型である。

しかも「ベネディクトゥス」において出現した〝平安〟は、ミサ曲の全体を締めくくる「アニュス・デイ」(「神の子羊」)に至ると、〝平和〟への希求に繋がってゆく。この箇所のテキストの内容は、屠られる子羊のように犠牲的な愛を払って人間を救済した神の子イエスに対し、憐みと平安/平和(ラテン語ではともにPacem)を祈るものだ。ただし普通のミサ曲の曲想では、イエスの愛に護られた〝平安〟という意味合いが強い。

だがベートーヴェンの『荘厳ミサ曲』の場合には、突如不安な曲想が出現する。そして軍隊の進軍を思わせるトランペットやティンパニの響きに乗せて、憐みを願う声が独唱や合唱を通じて、叫ぶように折り重なる。これはナポレオンにハプスブルク家が脅かされつつあった一七九六年、ハイドンが作ったミサ曲、いわゆる「戦時のミサ曲」でも用いられた手法だが、そうした音楽の中で叫ばれるPacemとは、〝平和〟の意味に他ならない。

つまり『荘厳ミサ曲』の結論は、心の平安ではなく、平和への希求である。そしてそれは、シラー／ロンベルクが『鐘の歌』で、あるいはクフナー／ベートーヴェンが「合唱幻想曲」で謳いあげ、やがて「第九」においてさらに追求されていった世界である。

ただし「第九」のテキストに用いられたシラーの「歓喜に寄す」は、体制への反逆や革命の実現を重視するがゆえに、フランス革命が陥った暴力の連鎖にも繋がりかねない危うさを秘めていた。それが「第九」において、『荘厳ミサ曲』とも通底する〝平和への希求〟に変容するにあたっては、いかなる作業が必要だったのか。

平和への希求へ向けた大改訂

実のところベートーヴェンは「第九」の作曲にあたり、最終的にシラーの「歓喜に寄す」を用いようと決断して以降（一八二三年のことと言われている）、このテキストに様々な手を加えている。大胆な削除や入れ替え、ついにはベートーヴェン自身による歌詞まで加わって、それは

「大改訂」さらには「二次創作」とも呼べるような作業だった。

そうでなくてもベートーヴェンは、一八一二年に「歓喜に寄す」を用いた序曲を構想していた際、次のようなメモを残している。「「乞食は王侯の」等々のようなばらばらの文章、それはまとまった全体ではない」「シラーの歓喜からのばらばらの文章をまとまった全体へ」。これは一体、何を意味するのだろう。

つまりベートーヴェンとしては、「歓喜に寄す」の短い一節を切り取ることはもとより、シラーのオリジナルのテキストという「まとまった全体」があるにもかかわらず、それを自身の作品にそのまま用いるつもりがなかった。つまり、この時点で彼は既に、「歓喜に寄す」を編集した上で、それを自身の曲に用いるという考えを抱いていたことになる。

なお、当時のベートーヴェンが「歓喜に寄す」の改訂版を手にしていたかどうかは不明である。だがそうであればなおさら、改訂版では「あらゆる人々は兄弟となるがよい」に置き代えられた箇所、つまり「乞食は王侯の兄弟となるがよい」を例に挙げている点が目を引く。つまり、身分制を批判し、それを転覆するメッセージを具えた文章を抜き出して、単独でスローガンのように掲げるような姿勢に対し、彼は一線を画そうとした。

もちろん、「第九」に「歓喜に寄す」の改訂版が用いられた理由には、現実的な理由もあるだろう。ウィーン体制下における思想統制の下、検閲自体が強化され、そこに引っかかると演奏も出版も望めなくなるという危険性を回避するためである。とりわけシラーの場合、当の本人が亡くなった後もその作品が往々にして危険視されていたことを考えると、なおさらだった。

切り裂かれた世界を平和を通じて統合する

ただし単なるリスク回避のためだけに、「第九」には、穏便な内容となった「歓喜に寄す」の改訂版が選ばれた、と考えるのも正確ではあるまい。フランス革命への失望感が色濃く影を落とす中、体制への反逆や革命の実現といった要素を和らげた改訂版を用いること、しかもそこにさらなる大改訂の手を加えることで、ベートーヴェンはいわば、彼オリジナルの「歓喜に寄す」を創り上げたのである。

なお、その結論にあたる最後の部分はベートーヴェン改訂版では次のようになる。

抱かれよ　数多の者たちよ！／この接吻を全ての世界に！／兄弟たちよ！　星の輝く天幕の彼方には／慈愛に満ちた父がいるに違いない。／ひざまずくか、数多の者たちよ？／創造主を感じるか、世の者たちよ？／その方を星の輝く天幕の彼方に探せ！／星の彼方にその方はいるに違いない。

この前半四行は、シラーの「歓喜に寄す」では第一節後半の合唱部分に、後半四行は第三節後半の合唱部分にそれぞれ相当する。つまり「歓喜に寄す」の初版が九節、改訂版で八節あることを考えると、シラーが最初の方に置いていた語句を、ベートーヴェンは全体の「決め球」として用いたのである。またそうすることで、ベートーヴェン改訂版の「歓喜に寄す」は、愛や謙遜を通じた友愛の構築を謳いあげる内容へと変容を遂げた。

それは、シラーの「歓喜に寄す」の初版の終結部に見られた革命への殉死や、改訂版のそれにおける固い誓いといった、ものものしい友愛ではない。『荘厳ミサ曲』でも描かれた〝平和への希求〟が、さらには、革命そのものによってはからずも切り裂かれてしまった世界を、平和を通じて統合しようという願いが、そこにはある。

シラーとベートーヴェンの「歓喜に寄す」を比較する

ここで、シラーによる「歓喜に寄す」と、「第九」のテキストとなったベートーヴェン改訂版のそれとを挙げておこう。両者の違いが、歴然とわかるだろう（なおベートーヴェン改訂版については、語句が繰り返されている部分についても極力収録し、その箇所を誰が歌っているのかについても記した。なお最初に歌詞が出てきた部分と繰り返しの部分を区別するため、前者については太文字で示してある。またテキストの底本は、シラーについてはSCHMIDT, Dieter (Hg.), *Schillers Werke*, Frankfurt am Main, 1966. ベートーヴェンについてはDEL MAR, Jonathan (Hg.), *Beethoven Symphonie Nr.9 in d-Moll op.125*, Kassel, 1999. をそれぞれ用いた）。

シラー作「歓喜に寄す」（初版）

1

Freude, Schöner Götterfunken,
Tochter aus Elysium,
Wir betreten feuertrunken
Himmlische, dein Heiligtum.
Deine Zauber binden wieder,
*was der Mode Schwert geteilt;
**Bettler werden Fürstenbrüder,
wo dein sanfter Flügel weilt.

Chor.

Seid umschlungen Millionen!
Diesen Kuß der ganzen Welt!
Brüder – überm Sternenzelt
muß ein lieber Vater wohnen.

喜びよ、神々の美しい閃光よ
エリジウムの娘よ
私たちは足を踏み入れる　炎に酔いしれつつ
素晴らしいお前の聖所へと。
お前の魔法は再び結びつける
剣で分断されていた世の趨勢《すうせい》を。
乞食は王侯の兄弟となるがよい
お前の柔らかな翼が憩うところで。

〈合唱〉

抱かれよ　数多の者たちよ！
この接吻を全ての世界に！
兄弟たちよ――星の輝く天幕の彼方には
慈愛に満ちた父がいるに違いない。

（改訂版では第1節の＊と＊＊が、以下のように変えられている。
＊　was die Mode streng geteilt;　　厳格に分断されていた世の趨勢を。
＊＊　Alle Menschen werden Brüder,　　あらゆる人々は兄弟となるがよい）

2

Wem der große Wurf gelungen,
eines Freundes Freund zu sein;
wer ein holdes Weib errungen,
mische seinen Jubel ein!
Ja – wer auch nur *eine* Seele
sein nennt auf dem Erdenrund!
Und wers nie gekonnt, der stehle
weinend sich aus diesem Bund!

Chor.

Was den großen Ring bewohnet,
huldige der Sympathie!

大きな幸いを得た者
即ち友を友とできた者。
優しい妻を得た者は
その喜びを共にしよう！
そうだ——たとえたったひとつの魂であっても
自分のものと呼べるものを世界で持つ者は！
そしてそれができない者は、そっと立ち去るがよい
涙しながらこの集まりの外へ！

〈合唱〉

この大きな集いに住まう存在は
共感をはぐくめ！

Zu den Sternen leitet sie,
Wo der *Unbekannte* thronet.

それは我々を星々へと導く
未知なる存在が君臨するその場へと。

3

Freude trinken alle Wesen
an den Brüsten der Natur,
Alle Guten, alle Bösen
folgen ihrer Rosenspur.
Küsse gab sie *uns* und *Reben*,
einen Freund, geprüft im Tod.
Wollust ward dem Wurm gegeben,
und der Cherub steht vor Gott.

あらゆる存在は喜びを飲む
自然の乳房から
いかなる善者も、いかなる悪漢も
バラの道をゆく。
喜びは私たちに接吻と葡萄酒とを与えてくれた
そして死の試練をのりこえた友も。
快楽などはウジ虫に与えてしまえ
そうすればケルビムが見えてくる　神の御前に。

Chor.

Ihr stürzt nieder, Millionen?
Ahndest du den Schöpfer, Welt?
Such ihn überm Sternenzelt,

〈合唱〉

ひざまずくか、数多の者たちよ？
創造主を感じるか、世の者たちよ？
その方を星の輝く天幕の彼方に探せ

über Sternen muß er wohnen.

4

Freude heißt die starke Feder
in der ewigen Natur.
Freude, Freude treibt die Räder
in der großen Weltenuhr.
Blumen lockt sie aus den Keimen,
Sonnen aus dem Firmament,
Sphären rollt sie in den Räumen,
die des Sehers Rohr nicht kennt.

Chor.

Froh, wie seine Sonnen fliegen,
durch des Himmels prächtgen Plan,
Laufet, Brüder, eure Bahn,
freudig wie ein Held zum Siegen.

星の彼方にその方はいるに違いない。

喜びは力強いバネ
永遠の自然にあって。
喜びよ、喜びこそが歯車を回す
巨大な世界時計の中で。
花々をつぼみから誘い出し
恒星たちを天空から導き出し
天球を回転させる
望遠鏡を通しても見えない彼方の空間で。

〈合唱〉

朗らかに、創造主の恒星が飛翔するように
天の輝かしい運行の中を
進め、兄弟よ、君たちの行く道を
喜びに満ちて　勝利へ向かう英雄のように。

5

Aus der Wahrheit Feuerspiegel
lächelt *sie* den Forscher an.
Zu der Tugend steilem Hügel
leitet *sie* des Dulders Bahn.
Auf des Glaubens Sonnenberge
sieht man *ihre* Fahnen wehn,
Durch den Riß gesprengter Särge
sie im Chor der Engel stehn.

Chor.

Duldet mutig, Millionen!
Duldet für die beßre Welt!
Droben überm Sternenzelt
wird ein großer Gott belohnen.

燃え上がる真理の鏡の中から
喜びは探求する人にほほえみかける。
美徳のけわしい丘に
喜びは堪え忍ぶ人を導く。
信仰の輝ける山々の頂には
その旗が風にひるがえる様が見え
砕かれた柩の裂け目からは
彼らが天使の合唱に包まれている様が見える。

〈合唱〉

堪え忍べ、勇気を持って、数多の者たちよ！
堪え忍べ、よりよい世界のために！
星の輝く天幕の彼方では
大いなる神が報いてくれるだろう。

6

Göttern kann man nicht vergelten,
schön ists ihnen gleich zu sein.
Gram und Armut soll sich melden,
mit den Frohen sich erfreun.
Groll und Rache sei vergessen,
unserm Todfeind sei verziehn,
Keine Träne soll ihn pressen,
keine Reue nage ihn.

Chor.

Unser Schuldbuch sei vernichtet!
ausgesöhnt die ganze Welt!
Brüder – überm Sternenzelt
richtet Gott, wie wir gerichtet.

人間は神々と同じにはなれないが
何と素晴らしい　神々に倣うことは。
嘆く者も貧しい者もすすんで
喜ぶ者とともに喜べ。
怒りも復讐も忘れ
不倶戴天の敵も赦し
敵に涙を強要せず
後悔が彼を苦しめないようにするがよい。

〈合唱〉

貸し借りの帳簿など破り捨ててしまえ！
世界全てが赦されよ！
兄弟たちよ――星の輝く天幕の彼方では
神が裁くのだ、我々が被った裁きを。

7

Freude sprudelt in Pokalen,
in der Traube goldnem Blut
trinken Sanftmut Kannibalen,
Die Verzweiflung Heldenmut – –
Brüder, fliegt von euren Sitzen,
wenn der volle Römer kreist,
Laßt den Schaum zum Himmel sprützen:
Dieses Glas dem guten Geist.

Chor.

Den der Sterne Wirbel loben,
den des Seraphs Hymne preist,
Dieses Glas dem guten Geist,
überm Sternenzelt dort oben!

喜びは杯の中に湧きかえる
葡萄の黄金の生命の中で
優しい心は残忍さを飲み込み
気高い勇気は絶望を飲み込む——
兄弟よ、急いで立ち上がれ
なみなみと注がれた大杯が座をめぐれば
その泡を天にほとばしらせよう
この盃を善き精霊に。

〈合唱〉

星の渦が褒め称える者を覚え
セラフィムの聖歌が賛美する者を覚え
この盃をその善き精霊に捧げよ
星の輝く天幕の彼方にまで！

8

Festen Mut in schwerem Leiden,
Hülfe, wo die Unschuld weint,
Ewigkeit geschwornen Eiden,
Wahrheit gegen Freund und Feind,
Männerstolz vor Königsthronen, –
Brüder, gält es Gut und Blut –
Dem Verdienste seine Kronen,
Untergang der Lügenbrut!

Chor.

Schließt den heilgen Zirkel dichter,
schwört bei diesem goldnen Wein:
Dem Gelübde treu zu sein,
schwört es bei dem Sternenrichter!

重い苦悩には不屈の勇気を
無実の者が泣いているところには救いを
固い誓いには永遠を
友にも敵にも真実を
王座の前では男の誇りを――
兄弟よ、たとえ財産と生命をかけてでも――
功績には栄冠を
偽りの輩には没落を！

〈合唱〉

聖なる集いをさらに結束させ
この黄金の酒にかけて誓え
誓約に忠実であることを
星空の審判者にかけて誓え！

（改訂版はこの第8節で終わり、以下の第9節は削除されている）

9

Rettung von Tyrannenketten,
Großmut auch dem Bösewicht,
Hoffnung auf den Sterbebetten,
Gnade auf dem Hochgericht!
Auch die Toten sollen leben!
Brüder trinkt und stimmet ein,
Allen Sündern soll vergeben,
und die Hölle nicht mehr sein.

Chor.

Eine heitre Abschiedsstunde!
süßen Schlaf im Leichentuch!
Brüder – einen sanften Spruch
aus des Totenrichters Munde!

暴君の鎖からの救出を
悪漢の仕業にも寛大を
死の床で希望を
処刑台で慈悲を！
死者もまた生きるのだ！
兄弟よ、飲み、そして声を合わせよう
あらゆる罪人は赦され
地獄はもはやない。

〈合唱〉

朗らかな別れの時！
死装束にくるまれた甘美な眠り！
兄弟よ――安らぎに満ちた判決を
死を告げる裁き手の口から！

ベートーヴェン改訂版「歓喜に寄す」（シラー作「歓喜に寄す」改訂版を自由に編纂）

〈バリトン独唱〉

O Freunde, nicht diese Töne!　おお友よ、このような音ではだめだ！
Sondern laßt uns angenehmere　そうではなく　より心地よい音に
anstimmen, und freudenvollere!　さあ声を合わせよう、より喜びに満ちた音に！

（以上ルートヴィヒ・ファン・ベートーヴェン作詞）

〈バリトン独唱〉

Freude,　喜びよ

〈男声合唱〉

Freude!　喜びよ！

〈バリトン独唱〉

Freude,　喜びよ

〈男声合唱〉

Freude!　喜びよ！

〈バリトン独唱〉

Freude, **schöner Götterfunken,**　喜びよ、神々の美しい閃光よ

Tochter aus Elysium,
Wir betreten feuertrunken,
Himmlische, dein Heiligtum.
Deine Zauber binden wieder,
Was die Mode streng geteilt;
Alle Menschen werden Brüder,
Wo dein sanfter Flügel weilt.

エリジウムの娘よ
私たちは足を踏み入れる　炎に酔いしれつつ
素晴らしいお前の聖所へと。
お前の魔法は再び結びつける
厳格に分断されていた世の趨勢を。
あらゆる人々は兄弟となるがよい
お前の柔らかな翼が憩うところで。

〈合唱〉

Deine Zauber binden wieder,
Was die Mode streng geteilt;
Alle Menschen werden Brüder,
Wo dein sanfter Flügel weilt.

お前の魔法は再び結びつける
厳格に分断されていた世の趨勢を。
あらゆる人々は兄弟となるがよい
お前の柔らかな翼が憩うところで。

〈独唱〉

Wem der große Wurf gelungen,
Eines Freundes Freund zu sein,

大きな幸いを得た者
即ち友を友とできた者

Wer ein holdes Weib errungen,
Mische seinen Jubel ein!
Ja, wer auch nur eine Seele
Sein nennt auf dem Erdenrund!
Und wer's nie gekonnt, der stehle
Weinend sich aus diesem Bund!

優しい妻を得た者は
その喜びを共にしよう！
そうだ、たとえたったひとつの魂であっても
自分のものと呼べるものを世界で持つ者は！
そしてそれができない者は、そっと立ち去るがよい
涙しながらこの集まりの外へ！

〈合唱〉

Ja, wer auch nur eine Seele
Sein nennt auf dem Erdenrund!
Und wer's nie gekonnt, der stehle
Weinend sich aus diesem Bund!

そうだ、たとえたったひとつの魂であっても
自分のものと呼べるものを世界で持つ者は！
そしてそれができない者は、そっと立ち去るがよい
涙しながらこの集まりの外へ！

〈独唱〉

Freude trinken alle Wesen
An den Brüsten der Natur;
Alle Guten, alle Bösen

あらゆる存在は喜びを飲む
自然の乳房から。
いかなる善者も、いかなる悪漢も

Folgen ihrer Rosenspur.
Küsse gab sie uns und Reben,
Einen Freund, geprüft im Tod;
Wollust ward dem Wurm gegeben,
Und der Cherub steht vor Gott.

バラの道をゆく。
喜びは私たちに接吻と葡萄酒とを与えてくれた
そして死の試練をのりこえた友も。
快楽などはウジ虫に与えてしまえ
そうすればケルビムが見えてくる　神の御前に。

〈合唱〉

Küsse gab sie uns und Reben,
Einen Freund, geprüft im Tod;
Wollust ward dem Wurm gegeben,
Und der Cherub steht vor Gott.
und der Cherub steht vor Gott,
steht vor Gott,
vor Gott,
vor Gott.

喜びは私たちに接吻と葡萄酒とを与えてくれた
そして死の試練をのりこえた友も。
快楽などはウジ虫に与えてしまえ
そうすればケルビムが見えてくる　神の御前に。
そうすればケルビムが見えてくる　神の御前に
見えてくる　神の御前に
神の御前に
神の御前に。

〈テノール独唱〉

Froh,
froh,
wie seine Sonnen, seine Sonnen **fliegen,**
froh, wie seine Sonnen fliegen,
Durch des Himmels prächt'gen Plan,
Laufet, Brüder, eure Bahn,
laufet, Brüder, eure Bahn,
Freudig wie ein Held zum Siegen,
wie ein Held zum Siegen,
Laufet, Brüder, eure Bahn,
wie ein Held zum Siegen,
freudig,
freudig wie ein Held zum Siegen.
〈男声合唱〉
Laufet, Brüder, eure Bahn,
Freudig wie ein Held zum Siegen,

朗らかに
朗らかに
創造主の恒星が、　創造主の恒星が飛翔するように
朗らかに、創造主の恒星が飛翔するように
天の輝かしい運行の中を
進め、兄弟よ、君たちの行く道を
進め、兄弟よ、君たちの行く道を
喜びに満ちて　勝利へ向かう英雄のように
勝利へ向かう英雄のように
進め、兄弟よ、君たちの行く道を
勝利へ向かう英雄のように
喜びに満ちて
喜びに満ちて　勝利へ向かう英雄のように。

進め、兄弟よ、君たちの行く道を
喜びに満ちて　勝利へ向かう英雄のように

wie ein Held zum Siegen,
勝利へ向かう英雄のように
freudig,
喜びに満ちて
freudig wie ein Held zum Siegen.
喜びに満ちて　勝利へ向かう英雄のように。

〈合唱〉

Freude, schöner Götterfunken,
喜びよ、神々の美しい閃光よ
Tochter aus Elysium,
エリジウムの娘よ
Wir betreten feuertrunken,
私たちは足を踏み入れる　炎に酔いしれつつ
Himmlische, dein Heiligtum.
素晴らしいお前の聖所へと。
Deine Zauber binden wieder,
お前の魔法は再び結びつける
Was die Mode streng geteilt;
厳格に分断されていた世の趨勢を。
Alle Menschen werden Brüder,
あらゆる人々は兄弟となるがよい
Wo dein sanfter Flügel weilt.
お前の柔らかな翼が憩うところで。
Deine Zauber binden wieder,
お前の魔法は再び結びつける
Was die Mode streng geteilt;
厳格に分断されていた世の趨勢を。
Alle Menschen werden Brüder,
あらゆる人々は兄弟となるがよい

Wo dein sanfter Flügel weilt.

〈合唱〉

Seid umschlungen Millionen!
Diesen Kuß der ganzen Welt!
Seid umschlungen Millionen!
Diesen Kuß der ganzen Welt!
Brüder! übern Sternenzelt
Muß ein lieber Vater wohnen.
Brüder! übern Sternenzelt
Muß ein lieber Vater wohnen.
Ihr stürzt nieder, Millionen?
Ahnest du den Schöpfer, Welt?
Such' ihn übern Sternenzelt!
Über Sternen muß er wohnen,
über Sternen muß er wohnen.

お前の柔らかな翼が憩うところで。

抱かれよ　数多の者たちよ！
この接吻を全ての世界に！
抱かれよ　数多の者たちよ！
この接吻を全ての世界に！
兄弟たちよ！　星の輝く天幕の彼方には
慈愛に満ちた父がいるに違いない。
兄弟たちよ！　星の輝く天幕の彼方には
慈愛に満ちた父がいるに違いない。
ひざまずくか、数多の者たちよ？
創造主を感じるか、世の者たちよ？
その方を星の輝く天幕の彼方に探せ！
星の彼方にその方はいるに違いない
星の彼方にその方はいるに違いない。

〈合唱〉（この箇所では＊と＊＊が異なるパートにより同時進行で、繰り返し歌われる）

Freude, schöner Götterfunken,　喜びよ、神々の美しい閃光よ
Tochter aus Elysium,　エリジウムの娘よ
Wir betreten feuertrunken,　私たちは足を踏み入れる　炎に酔いしれつつ
Himmlische, dein Heiligtum.　素晴らしいお前の聖所へと。
Freude! Freude!　喜びよ！　喜びよ！
Wir betreten dein Heiligtum...　私たちは足を踏み入れる　お前の聖所へと……　＊

Seid umschlungen Millionen!　抱かれよ　数多の者たちよ！
Diesen Kuß der ganzen Welt!　この接吻を全ての世界に！
Seid umschlungen Millionen!　抱かれよ　数多の者たちよ！
Diesen Kuß der ganzen Welt!...　この接吻を全ての世界に！……　＊＊

〈合唱〉

Ihr stürzt nieder, Millionen?　ひざまずくか、数多の者たちよ？
Ahnest du den Schöpfer, Welt?　創造主を感じるか、世の者たちよ？

Such' ihn überm Sternenzelt,
Such' ihn überm Sternenzelt!
Brüder! Brüder!
überm Sternenzelt
Muß ein lieber Vater wohnen,
ein lieber Vater wohnen.

その方を星の輝く天幕の彼方に探せ
その方を星の輝く天幕の彼方に探せ！
兄弟たちよ！　兄弟たちよ！
星の輝く天幕の彼方には
慈愛に満ちた父がいるに違いない
慈愛に満ちた父がいるに違いない。

〈独唱〉

Tochter, Tochter aus Elysium!
Freude, Tochter aus Elysium!
Tochter, Tochter aus Elysium!
Tochter, Tochter aus Elysium!
Deine Zauber, deine Zauber binden wieder,
deine Zauber, deine Zauber binden wieder,
Was die Mode streng geteilt,
Deine Zauber, deine Zauber binden wieder,

娘よ、エリジウムの娘よ！
喜びよ、エリジウムの娘よ！
娘よ、エリジウムの娘よ！
娘よ、エリジウムの娘よ！
お前の魔法は　お前の魔法は再び結びつける
お前の魔法は　お前の魔法は再び結びつける
厳格に分断されていた世の趨勢を
お前の魔法は　お前の魔法は再び結びつける

Was die Mode streng geteilt,
厳格に分断されていた世の趨勢を

〈合唱〉

Deine Zauber, deine Zauber
お前の魔法は　お前の魔法は

binden wieder, binden wieder,
再び結びつける　再び結びつける

Was die Mode streng geteilt,
厳格に分断されていた世の趨勢を

Alle Menschen, alle Menschen, alle Menschen,
あらゆる人々は　あらゆる人々は　あらゆる人々は

alle Menschen werden Brüder,
あらゆる人々は兄弟となるがよい

Wo dein sanfter Flügel weilt.
お前の柔らかな翼が憩うところで。

Deine Zauber, deine Zauber binden wieder,
お前の魔法は　お前の魔法は　再び結びつける

Was die Mode streng geteilt.
厳格に分断されていた世の趨勢を。

Alle Menschen, alle Menschen, alle Menschen,
あらゆる人々は　あらゆる人々は　あらゆる人々は

alle Menschen!
あらゆる人々は！

〈独唱〉

Alle Menschen,
あらゆる人々は

alle, alle Menschen werden Brüder,
Wo dein sanfter Flügel weilt,
dein sanfter Flügel weilt.

あらゆる　あらゆる人々は兄弟となるがよい
お前の柔らかな翼が憩うところで
お前の柔らかな翼が憩うところで。

〈合唱〉

Seid umschlungen Millionen!
Diesen Kuß der ganzen Welt!
der ganzen Welt!
Brüder! übern Sternenzelt
Muß ein lieber Vater,
ein lieber Vater wohnen,
ein lieber Vater wohnen.
Seid umschlungen!
seid umschlungen!
Diesen Kuß der ganzen Welt,
der ganzen Welt,

抱かれよ　数多の者たちよ！
この接吻を全ての世界に！
全ての世界に！
兄弟たちよ！　星の輝く天幕の彼方には
慈愛に満ちた父が
慈愛に満ちた父がいるに違いない
慈愛に満ちた父がいるに違いない。
抱かれよ！
抱かれよ！
この接吻を全ての世界に
全ての世界に

der ganzen Welt!
Diesen Kuß der ganzen Welt,
der ganzen Welt,
der ganzen, ganzen Welt,
der ganzen Welt!
Freude, Freude, schöner Götterfunken!
schöner Götterfunken!
Tochter aus Elysium!
Freude, schöner Götterfunken!
Götterfunken!

全ての世界に！
この接吻を全ての世界に
全ての世界に
全ての　全ての世界に
全ての世界に！
喜びよ、喜びよ、神々の美しい閃光よ！
神々の美しい閃光よ！
エリジウムの娘よ！
喜びよ、神々の美しい閃光よ！
神々の閃光よ！

日本語訳にあたって気を付けるべき箇所 1

二つの「歓喜に寄す」を比較したところで、日本語に訳された場合に誤解されやすい、あるいはわかりにくい箇所についていくつか指摘をしておこう（なお指摘する行数と順番は、「第九」のテキスト、つまりベートーヴェン改訂版による「歓喜に寄す」に基づくこととする）。

九行目の「エリジウム」については、既に第1章で指摘した通りだが、「死せる英雄や偉人が赴く楽園」のこと。ギリシア語では「エーリュシオン」、ラテン語では「エリジウム」という。一般的な日本語対訳では「楽園」とだけ訳される場合があるが、けっしてそうではない。人々から崇められる業を成し遂げた存在のみが、しかも死を通じて入ることを許された、特別な楽園である。またたからこそ、そのような楽園からやってきた「歓喜」は、偉人や英雄になることはできない大勢の人々にも、それぞれの業を成し遂げる希望を与え、無名の彼らが主人公として活躍する新たな社会への展望を切り拓く。

つまり「歓喜」は、単に「喜ばしい」あるいは「うれしい」状態を指すのではない。下手をすれば、古い支配体制の中で被支配者の地位に甘んじたままの大勢の人々、そんな人々を励まし、彼ら各人が小さな偉人や英雄になりうる、つまりは自らの足で立ち、理想の世界を築きうる力を与える存在が「歓喜」なのである。

三四行目「いかなる善者も、いかなる悪漢も」も要注意だ。ここは、「いかなる善人も、いかなる悪人も」とも直訳できる箇所だが、本書ではそれとは若干異なる訳にしてみたのには理由がある。というのも、「歓喜に寄す」初版の第9節を見てもわかるように、特にシラーはBöseという言葉に、特別な意味を持たせているからだ。

Böseとは、字義的にとれば、文字通り「善悪」の「悪」に相当する言葉だが、シラーの「歓喜に寄す」によれば、こうした「善悪」は、旧態依然とした慣習によって規定されてきたものにすぎない。つまり、これまでの社会を批判し、新たな世界を創ろうという姿勢自体、従来の権力によって「悪」と断罪される可能性を充分孕んでいる。逆に、むしろそうした旧来的な「善悪」の価値観を脱するべし、というのが「歓喜に寄す」のメッセージに他ならない。それを受けて本書では、「善人／悪人」よりも、時代や社会の状況の変化に応じて対象への評価も変化しやすい「善者／悪漢」という語句を用いた。

三八から三九行目は、最も誤解が生まれやすい箇所である。ここについてはしばしば、「快楽は虫けらにすら与えられ／天使ケルビムは神の御前に立つ」といった内容の訳が見られ、それを受けて、生きとし生ける存在全てに対する愛が説かれているように受け取られがちだが、それはまったく違う。まず「虫けら」と訳されがちな単語は Wurm である。これは「ウジ虫」という意味であり、シラー自身「歓喜に寄す」以外の作品でも、既成の権力に追従する者に対し、きわめて攻撃的な姿勢でこの語を用いている。

しかも「快楽などは(……)与えてしまえ」というきわめて強い言い方がなされていることを考えるに、「快楽」という語も要注意だ。これは、人間に快適さをもたらすものでなく、肉欲にも通じる享楽や放埓を伴った概念である。つまり、これまで特権階級が貪って来た快楽などは、ウジ虫同様きわめて醜い。そのようなものは、ウジ虫が蠢《うごめ》く墓穴に捨ててしまえ、とすら読める。

日本語訳にあたって気を付けるべき箇所 2

しかも、そのようにすれば何が起こるか？「ケルビムが見えてくる　神の御前に」というわけである。実は、ここも直訳すれば「ケルビムが立つ　神の御前に」となるのだが、それではイメージが摑みにくいため、ここはあえて意訳をした。

ケルビムとは、聖書に登場する天使の一人であり、数ある天使の中でもきわめて大きな力を持つ。しかもその名前が聖書で最初に出てくるのは、聖書の冒頭部分に置かれた『創世記』だ。『創世記』のあらましだが、神が天地を創造し、その総仕上げに人間を創って楽園（エデンの園）に住まわせた。ところが人間は、神から禁じられていたにもかかわらず知恵の実を採って食べてしまったため、楽園を追放され、以降は苦労をして働いたり、身体を痛めて出産をしたり、最後には死ななければならない身となった。エデンの園は、もはや何者も入れないよう神自身が封鎖し、その番人としてケルビムを立たせた――。

シラーもこの聖書の記述を基に、「歓喜に寄す」を書いている。つまり、特権階級が貪るような快楽と袂を分かった時に、神の息吹が豊かに息づくエデンの園を護るケルビムの姿が見えて来る、というのである。

旧来の価値観を捨て去った時、失われた楽園、つまりエデンの園が、人間には見えてくる。

またそうなれば、楽園を追放される以前の至福の状態に再び人間が近づける、ということにもなるだろう（なお、シラー自身もベートーヴェン同様、既存の権威と化した聖職者や教会には批判的だったが、聖書そのものを否定していたわけではなく、むしろ聖書に関してはきわめて造詣が深かった）。

元々ヨーロッパには、歴史の始まりに至高の文化や文明が繁栄したにもかかわらず、それが失われてしまった、という考えが存在する。となれば「今―ここ」を生きている人間は、かつて存在した至高の状態に文化や文明の水準を持っていくのが自分たちの務めである、という考え方も生まれる。

いずれにせよ、歴史の始まりに存在した至福にもう一度立ち返ろう、またそのために歴史の進展の中で塵芥のごとく積もって来た因習を取り払おう、という考え方に他ならない。そしてそれに基づいて、「歓喜に寄す」も書かれている。ただしこの「失われた始源」への回帰を可能にするのが、シラーの「歓喜に寄す」の初版では歓喜に勇気づけられた革命だったのに対し、ベートーヴェンのそれにおいては歓喜に満たされた音楽、さらにその音楽がもたらす平和へと変えられている点も重要だ。

日本語訳にあたって気を付けるべき箇所　3

さて、始原に立ち返る道が眼前に開けた人間に、次のような呼びかけが行われる。七八行目の「抱かれよ　数多の者たちよ！」がそれである。ここもしばしば、「抱き合え　数多の人々よ！」と訳されることが多いが、こちらが能動態であるならば、元のテキストは受動態で書かれている点が重要だ。つまり、人間が自らの意思で抱き合うのではなく、人間を超えた大きな存在に抱かれるということになる。

これもまた、シラーが宗教、特にキリスト教に無関心だった、あるいは嫌悪感を抱いていた、という見解を一掃するものに他ならない。彼は「歓喜に寄す」においても、「神」あるいは「神々」という言葉を用いている。しかもそれらと同義に扱われている「父」「創造主」という語自体、キリスト教的な男性の唯一神を想像させるに充分である（さらに『鐘の歌』でも「神」という言葉が、しかも恩寵をもたらす存在として登場する）。

もちろん、そのような超越的な存在に抱かれることになるからといって、人間が自らの意思に基づいて行動するな、などとシラーが言っているのではない。新たな世界の創造に向け、名もなき存在に貶められていた一人一人の行動が必要であることは、「歓喜に寄す」の中に度々現れる能動態の表現（たとえば「足を踏み入れる」「進め」等々）からも明らかである。

ただし単なる「能動的行動」だけでは、理想の世界を出現させるにあたって充分ではない。特に、オリジナルの「歓喜に寄す」を自在にアレンジしたベートーヴェンにとってみれば。それを端的に物語るのが、（その後の繰り返しの部分を除いて）「第九」のテキスト本体の最終部分＝結論部分にあたる「抱かれよ　数多の者たちよ！」からの八行分ではないか。

ここでは、能動的行動を極めた末に、超越的な存在に身を委ねる＝「抱かれよ」という受動的行動を受け容れる姿勢が呼びかけられる。さらにそれに続くのは、「ひざまずくか、数多の者たちよ？」「創造主を感じるか、世の者たちよ？」「その方を星の輝く天幕の彼方に探せ！」という問いや促しである。

これらはいずれも、人間存在と超越的存在の関係の中で語られている。つまり、受動的行為と能動的行為が一体となり、高まり合うことで、人間存在が見失った始原の世界に到達しうる瞬間なのである。また、ベートーヴェンにとってはそれこそが、革命以降の憎悪や分裂や失望の連鎖を断ち切り、平和が支配する新たな世界への扉を開くものではなかったか。そしてこのような状態を可能にするのが、歓喜に導かれた音楽、ひいてはそのような音楽を可能にする前代未聞の様式の交響曲であった。

第4章

さあ声を合わせよう、より喜びに満ちた音に

未知への挑戦と「第九」の誕生

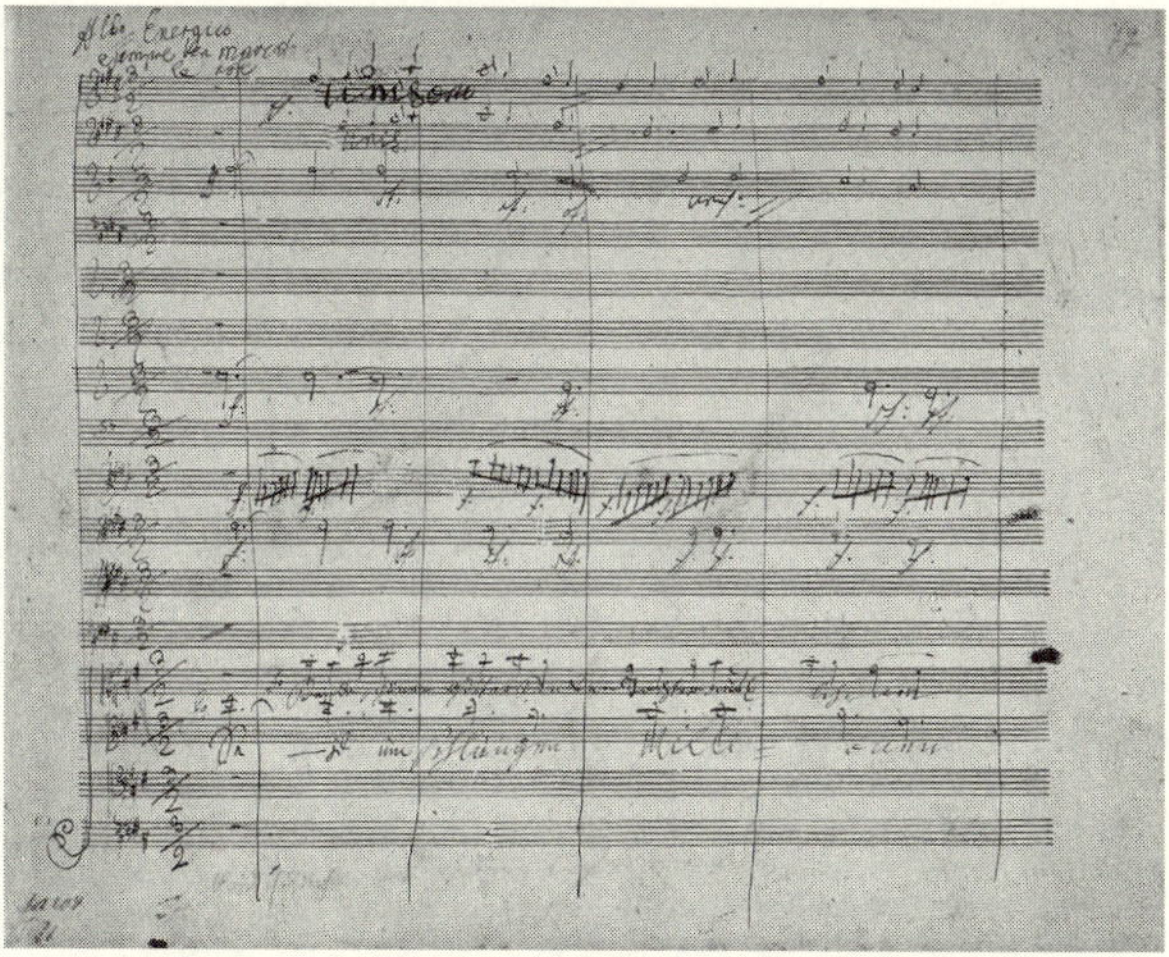

ベートーヴェンの直筆による「第九」の浄書譜、第4楽章の一部(所蔵：Staatsbibliothek zu Berlin)

「喜びの歌」のメロディの源泉 1・2

「最後には受動的行為をも受け容れ、自らの能動的行為と一体化することで、人間存在が見失った始原の世界に到達しうる」。ベートーヴェンが「第九」作曲にあたり、「歓喜に寄す」の改訂作業を通じて到達した結論に他ならない。

またこう考える時、後ほども解説するように、「第九」の第一楽章が宇宙のビッグバンにたとえられるような、茫洋たる響きの中に始まり、第四楽章における「歓喜に寄す」の大合唱で終わることはよく理解できる。つまり「第九」は、始原に始まり始原に再び立ち返ろうとする志向を軸に、その間に溜まり溜まった旧弊《きゅうへい》を乗り越えて理想の新世界を創り上げてゆく、という壮大なストーリーに基づいた作品なのである。

そうした特徴は、「歓喜に寄す」に付けられたお馴染みのメロディのルーツを考える時にも、重要なものとなるだろう。日本語では「喜びの歌」とも呼ばれる、あの「ミミファソソファミレ ドドレミミーレレ」だ（なお本書では、全ての音をいわゆる「階名」で記すこととする）。

実のところ、「喜びの歌」のメロディの元祖が何の曲か、ということを特定することは難しい。そもそも、「ドレミファソ」の五つの音があれば、「喜びの歌」のように簡単な、しかも耳に馴染み易いメロディが生まれる可能性は充分存在するからだ（日本生まれの唱歌『チューリップ』のメロディ「ドレミー ドレミー ソミレドレミレ」等は、典型的存在である）。

とはいえ、ベートーヴェンに先駆けて「喜びの歌」そっくりのメロディが登場し、しかも合唱とオーケストラのために書かれた作品が存在する。その一つがモーツァルトが一九歳を迎えた一七七五年に作った、『主の御慈しみを』という宗教曲だ。「主の御慈しみを　永久に讃え歌おう」という意味のラテン語の歌詞に基づき、神の愛に対する賛美が歌われる。

この曲は宗教曲にふさわしく、聴く者に厳粛な思いを喚起させる短調が主体となっている。ただし途中、ふと曲想が穏やかに変わったところで、それまで合唱を支えてきた第一ヴァイオリンが以下のようなメロディを奏でる。「ミミファソソファミレ　ドドレミレドシ」。そしてこのメロディはその後も何度も登場し、歌声を合わせて神を讃える人間の想いを、様々な色合いで彩ってゆく。

『主の御慈しみを』は、若き日のモーツァルトがいくつも手掛けた宗教曲の中では例外的に、一八一一年の時点で出版されている。それらの多くは一度上演されるとそれっきりとなり、未出版のものもほとんどだった中で、この作品は、モーツァルトの死後ではあるものの、ベートーヴェンの存命当時出版された数少ないモーツァルトの宗教曲だった。

となれば、彼のことを尊敬しており、しかも自身宗教音楽を手掛けたこともあるベートーヴェンが、この曲の出版楽譜にどこかで触れたことは容易に想像できる。またそこに登場する「ミミファソソファミレ　ドドレミレドシ」のメロディを「第九」に採り入れたということも。

「喜びの歌」のメロディはもう一つ、今度はベートーヴェン自身の作品の中に求められる。第2章でも述べた『シュテファン王』という劇の初演(一八一二)のため、その一年前に書かれた数曲の劇音楽の冒頭、劇の幕開けに演奏される「序曲」である。この序曲の骨格をなす二つの主題のうちの一つこそ、フルートをはじめとする木管楽器によって奏でられる、「ミファソソソファミレ ドレミミミレドシ」なのである。

ちなみに「シュテファン王」とは、一〇〜一一世紀にかけて実在したハンガリー王国の初代国王イシュトヴァーン一世(九六九?—一〇三八)のことだ。劇の内容自体も、異民族の脅威を退けつつ様々な戦いを経て、ハンガリーの建国を成し遂げてゆく彼の歩みを描いたものとなっている。つまり『シュテファン王』という劇そのものが、「闘争を経て勝利に至る」理念をしばしば作品の中に用いたベートーヴェンの姿勢と見事なまでに重なり合う。

ただし、「闘争を経て勝利に至る」ベートーヴェン的な作風を期待していると裏切られるかもしれない。そもそもこの序曲からして、ベートーヴェンらしからぬ(と一般的に思われがちな)、軽やかさや楽しさが前面に出ているからだ。「ミファソソソファミレ ドレミミミレドシ」のメロディもその一つ。こうした事情から、『シュテファン王』の劇音楽も、傑作に溢れた中期からスランプ期へ移行しつつあったベートーヴェンの状況を物語る一例と見なされがちである。

だが、フランス革命、さらにはその象徴であったナポレオンが巻き起こした戦闘への忌避感が、ベートーヴェンのいた世界を覆っていたことを思い出してみよう。そうした中で『シュテファン王』では、混乱する世界を制し、秩序と平和をもたらす君主が描かれている。となると、序曲に登場する「喜びの歌」の先駆けともいえるメロディ自体が既に、「平和」や「秩序」を象徴するものではなかったか。

「喜びに寄せる頌歌」という新機軸

ところで、「喜びの歌」の先駆けといえるメロディが登場する楽曲、『主の御慈しみを』にせよ『シュテファン王』序曲にせよ、共通する特徴がある。それは神、あるいは君主を讃えることを旨としている点だ。特に『シュテファン王』の場合は、主人公シュテファン王に擬えて、ナポレオンによる混乱を平定する存在としての、ハプスブルク家の当主フランツ一世が暗示されているともいえる。

このように、何か権威ある存在を賛美するための詩を「頌歌」、ドイツ語ではOdeという。ヨーロッパにおいては、文学にせよ、あるいはそれをテキストとして用いた音楽にせよ、「頌歌」というタイトルの下、神や君主を礼賛する作品が数多く存在してきた。となれば、『主の御慈しみを』や『シュテファン王』序曲に登場する「喜びの歌」の原型メロディも、そうした伝統に基づいて、権威ある存在を褒め称える役割を果たしていると考えるのが普通だろう。

だが「第九」の最終楽章で「喜びの歌」のメロディに乗せて歌われるのは、伝統的な権威に対する賛美ではない。それこそ「喜び」という概念であり、「喜び」自体、古色蒼然たる権威が崇められてきた旧来の体制を乗り越え、新たな世界を人間に与える存在として描かれている。つまり、従来の価値観からの根本的転換を象徴するのが、いまや「歓喜」を称える役割を担うようになった「喜びの歌」のメロディなのである。

「第九」の場合、「頌歌」という言葉自体は、初演から二年を経た一八二六年に出版された総譜の初版に初めて登場した。表紙に、「シラーの頌歌「歓喜に寄す」による最終合唱を伴った交響曲」と書いてあることが、その証拠である。一方で、「シラーの頌歌」という表現は一八二四年におこなわれた初演のポスターには出現せず、単に「シラーの歌「歓喜に寄す」」とだけ記されていた。ただし「歓喜に寄す」を「頌歌」と呼ぶ習慣自体は、一七八六年にこの作品が出版されて以降、しばしば見受けられるものだった。

となると、こうは考えられないか。楽譜という、実演以上に広く人々に知れ渡ることを意図したメディアにおいて、ベートーヴェンはあえて「歓喜に寄す」を公式に「頌歌」と呼んだ。彼は、慈しみや平和をもたらす存在を、神や君主から「喜び」にシフトさせ、それによってはじめて実現する新たな世界への希望を謳い上げた。

古い頌歌の伝統、あるいはフォーマットにあえて立脚しながらも、それゆえにこそ新たな価値観を創出する――。西洋音楽の長大な流れにおける確たる存在だという自負を人一倍抱いており、過去の音楽家の作品の研究にもきわめて積極的だったベートーヴェンゆえの、温故知新の発想に他ならない。

「第九」の源泉はどこまで遡れるか？

このように、ロンドンのフィルハーモニック協会からの作曲依頼が舞い込む一八一七年以前から、「第九」に採り入れられたメロディが存在しなかったわけではない。「歓喜に寄す」のそれに関しても、上で述べた作品の他、一八一〇年にヨハン・ヴォルフガング・フォン・ゲーテ（一七四九―一八三二）の詩を基にしたベートーヴェン自身の歌曲『彩られたリボンで』の冒頭にも一瞬登場するほどだ。テキストの内容は、ある女性に恋する男が、春の息吹の中、自分の持っているリボンを春風にそよがせてもらい、彼女の服に巻き付けてほしいという願望を抱くというもの。その冒頭部分の「小さな花々や小さな葉を」という一節に、「ミミファソソファミレ ドーレーミード」というメロディが付けられている。「希望に満ちた喜ばしさ」という点では、「喜びの歌」とも通じる要素を具えている。

なおベートーヴェンは、こうした音楽的なアイディアを、少しずつ変化させつつ、何度も自分の作品に用いるということをおこなっている。また彼は、頭に浮かんだそれらのアイディアを書き留めるべくスケッチ帳を携えており、「第九」に登場するいくつかのメロディ自体は、一八一〇年代に入ると時折見受けられるようになる。

ただしそれをもって、「第九」の創作の始まりと言うのは早計だろう。やはり「第九」の作曲が本格的に開始されるきっかけをもたらしたのは、フィルハーモニック協会からの依頼だった。そのうえベートーヴェンは、それからさほど間を置かずして、『荘厳ミサ曲』の作曲に力を注ぐようになったため、この曲が一応完成する目途が立った一八二二年の夏までは、断片的アイディアを除いては、「第九」への取り組みはほとんど見られない。

といっても、例外的に二つの事柄には注目しておこう。ベートーヴェンは一八二〇年頃、ヘンデル作のオラトリオ『サウル』の葬送行進曲(主人公のサウル王が壮絶な死を遂げた後に奏でられる)に基づくオーケストラによる変奏曲を考えており、その最後に合唱が加わるという構想を抱いていた。また、若き日のベートーヴェンとピアノ演奏の腕比べをおこない、彼とはライバル関係にあった音楽家ダニエル・シュタイベルト(一七六五―一八二三)が一八二〇年に作曲・初演した『ピアノ協奏曲第八番』にも、ピアノ独奏とオーケストラの共演に加え、合唱が登場する。

前者からの影響については、「第九」の第一楽章の最後、葬送行進曲風の楽想が現れる点に求められる。しかも、第四楽章に登場する声楽の謳いあげる「喜び」とは、死せる英雄の赴く楽園エリジウムから来た娘であることを考えると、両者のメロディこそ異なるものの、コンセプトとしてそこに「英雄の死」が大きく関係していることは間違いない。

また、後者からの影響に関しては、通常声楽が登場するはずのないジャンルに声楽が、しかも最終楽章で用いられているという点が目を引く。副題も、「合唱を伴う熱狂的なロンド」となっており、どこか「第九」の終楽章を連想させるほどだ。なお、シュタイベルトの合唱付きピアノ協奏曲は出版されなかったため、ベートーヴェンが中味を知る由もなかった。ただしその初演については、かなりの話題を巻き起こしたようであり、ベートーヴェン自身その存在を聞き知り、そのことが「第九」の創作にも何らかの影響を及ぼした可能性は充分考えられる。

こうした小さなエピソードはいくつかあるものの、「第九」作曲への準備が整ってゆくのが、『荘厳ミサ曲』作曲に一区切りついた一八二二年夏以降であることは間違いない。しかもこの時点になると、元々ロンドンのフィルハーモニック協会が依頼してきたように新作交響曲を二曲作るのではなく、一曲に絞ることへと考えが変わり始める。

そこで、ベートーヴェンはフィルハーモニック協会に現況を打診する。協会もそれを認めたことから、一八二三年に入ると「第九」の具体的で本格的なスケッチと作曲が集中的におこなわれていった。そしてこの年の終わりから一八二四年初頭にかけて、声楽を用いた第四楽章も含めた全曲が、一応完成する運びとなる。

なお、新作交響曲の曲数をめぐってフィルハーモニック協会とのやりとりがおこなわれていた一八二二年の秋、ベートーヴェンは次のようなメモ書きを残している。「変奏付きのドイツ交響曲、合唱の後で変奏が入るか、変奏曲なしのドイツ交響曲。交響曲の最後は、トルコ音楽と合唱付き」。しかもこれと相前後して、交響曲のテキストにシラーの「歓喜に寄す」を用いるというコンセプトも生まれており、そのメロディまで二種類も記されている（ただしそれらは、「喜びの歌」のメロディとはまったく異なるものだが）。

ところで、ここに記されている「ドイツ交響曲」とは、一体何だろう。

原語ではこの箇所は、Sinfonie allemande とフランス語で書かれている。当時の音楽家にとってフランス語は、イタリア語と並ぶヨーロッパの共通言語だった。しかもベートーヴェンの場合はフランスでも楽譜が出版されていたこと、また元々フランス革命の精神へ共感していたことを考えると、ここでフランス語が用いられたのは不思議ではない。

また、これは、直訳すると「ドイツ風の交響曲」「ドイツ語を用いた交響曲」という意味になる。つまり単純に考えれば、ドイツ語で書かれた「歓喜に寄す」をテキストに用いるのだから、こうした表記も当然だろう。特に「第九」の依頼がイギリスのロンドンから来たことを考えると、「ドイツ風の」「ドイツ語の」という明記は、新作交響曲の特徴のＰＲにも繋がる。

遥か未来の統一ドイツへの志向

ただしこの頃のドイツの状況を考えるに、そうした解釈だけでは不充分なのではないか。というのも、当時のドイツ一帯には統一国家は存在せず、オーストリアをはじめ大中小の君主国が構成する「ドイツ連邦」という国家連合が存在するのみだったからだ。

これは、ナポレオンによって解体させられた神聖ローマ帝国の名残をとどめた政治形態である。反ナポレオン、反革命を掲げるウィーン体制が後押ししたもので、旧来の君主国同士がパワーバランスを保つことでヨーロッパの平和と安定が守られる、という考え方に拠る。つまり、保守反動体制の中心的存在であるオーストリアを含むドイツ語圏において、フランスのような強大な統一国家ができることは好ましくなかった。それは、下手をすればパワーバランスの崩壊に伴う戦争の危機が高まるだけにとどまらず、ナポレオンが錦の御旗に掲げた「自由・平等・友愛」の革命精神が、ドイツ語圏でも吹き荒れる可能性をも意味していたからである。

だが逆に、そうしたウィーン体制に反抗するべく、一八一〇年代後半にはドイツ語圏の各地で、ドイツ統一と革命精神の実現を叫ぶ学生運動が高まった。結局のところ、この動きは当局によって鎮圧されてしまうが、幻のドイツ統一に向けて、それまでばらばらだったドイツ語圏各地の人々をまとめるべく、共通の文化を築いてゆこうというひそかな気運も少しずつ醸成されるようになった。また当局の側としても、市民階級の文化活動であれば、よほど政治色が濃くないかぎり黙認するという姿勢であった。

それを受けての、「ドイツ交響曲」というコンセプトなのである。ドイツという統一国家が存在せず、それもあって、フランス語のようなヨーロッパの共通語にはなりえていないドイツ語をあえて基本とする交響曲の創作。それは遥か未来に実現するかもしれない、しかもひそかな革命精神を奥底に宿した統一ドイツを志向したものであり、シラーの「歓喜に寄す」の世界観とも重なり合うものだった。

自由とドイツ統一を目指してドイツ東部のヴァルトブルク城に集結した学生たち(1817年、作者不詳)

弁証法とソナタ形式の哲学

いずれにしても、点在していたアイディアを一つにまとめ、「第九」の作曲が本格化するまでには、様々な紆余曲折があった。しかし作業が始まると、猛スピードで作曲がおこなわれていった。ちなみに、引越し魔として有名なベートーヴェンだが、「第九」への本格的取り組みがなされた一八二二年秋から一八二四年初頭までの期間には、ウィーンの中だけでも三回、また避暑を兼ねてウィーン近郊に一回引越しをしている。引越しによって、その都度気分を一新し、大曲に取り組む集中力とエネルギーをチャージしてゆこうとするかのように。

いずれにしても、そうした生活ぶりや、「第九」誕生までの諸々のアイディアを見るに、この作品があまりにも雑多な要素に振り回されかねない危うさを秘めていたことは間違いない。曲の肝ともいえる声楽の導入の是非についてすら、ベートーヴェン自身は実際に曲を書きながらも逡巡していた模様である。

何しろ「第九」初演直後、ベートーヴェンが親しい人々に向かって、第四楽章を声楽なしの形で新たに書き直したいと漏らしたという証言があるほどだ。それほどまでに彼自身にとっても「交響曲」と呼ぶには破格の雑多さや異質さが、「第九」には溢れかえっていたということだろう。逆に言えば、そうした雑多さや異質さこそが、フランス革命への失望と徒労感が広がる中で、あえて交響曲というジャンルに立ち戻って新作を手掛けるためには不可欠だったのである。そんな状況にあえて挑戦しつつ、なおかつ曲全体が分裂状態のカオスに陥らずに確かなまとまりを持ち、この作品に触れる大勢の人々に訴えるにはどうすればよいか？　そこでとられた手段の一つが、「ソナタ形式」だった。

「ソナタ」とは、元々は器楽曲のことである。声楽の下位に置かれていた器楽の地位が、一八世紀頃徐々に向上するようになると、歌詞がないがために曲がどこに向かっているのかを示し、曲を飽きずに弾ける／聴けるような工夫がおこなわれるようになった。その結晶こそソナタ形式であり、器楽曲の極致ともいえる交響曲でも用いられるようになる。

具体的には、最初にとある主題＝第一主題が示され、続いて雰囲気や調の異なる主題＝第二主題が出現する（「提示部」）。次に、第一主題と第二主題という対照的な二つの主題同士がくんずほぐれつし、曲が展開を遂げてゆく（「展開部」）。そして最後に再び第一主題と第二主題が現れるのだが、第一、第二主題ともに、「提示部」に出現した時とは少し異なる音型や調になっている（「再現部」）。これが「ソナタ形式」の基本形であり、「提示部」の前に序奏がつく場合や、「再現部」のあとにエンディング（「終結部」）が続く場合もある。

さて、「ソナタ形式」は何かに似ていないだろうか？　特に展開部を経ることによって、それぞれの主題が少しずつ変容を遂げるという点において。

それこそが「弁証法」であり、そのパイオニア的存在といわれるのが、ドイツの思想家ゲオルク・ヴィルヘルム・フリードリヒ・ヘーゲル（一七七〇―一八三一）だ。彼は、「正（テーゼ）」と「反（アンチテーゼ）」を戦わせた結果、両者が新たな境地＝「合（アウフヘーベン）」に至る道を説いた。また、そうした行為に基づき、出自や考え方の異なる市民階級の人々が新たな社会を切り拓けるように、というのがヘーゲルの願いだった。

ソナタ形式とは、この世界観を音楽によって表現したものに他ならない。しかも一八世紀半ばから幾人もの思想家が唱え始めていた「弁証法」同様、一八世紀半ばから存在していた「ソナタ形式」を大きく発展させたのが、奇しくもヘーゲルと同い年のベートーヴェンだった。

ちなみにベートーヴェンは、音楽史の流れの中では「古典派」と分類されることが多い。ここでいう「古典」とは、古代ギリシアのことである。古代民主制の下、「弁証法」さながらに数多の哲人たちが議論を戦わせ合い、後世が手本とするような優れた文化が育まれた。しかもその結晶の一つともいえる建築様式は、シンプルな造形の中に、左右対称のフォーム、それが上に行けば行くほど三角形の美しい破風が形作られるという、まさに「弁証法」や「ソナタ形式」の手本となる造形感覚に基づいていた。

ベートーヴェンも（さらにはヘーゲルやシラーも）、市民階級の出身者として、こうした古代ギリシアへ憧れた。またそれを基に自らの活動を繰り広げた結果、後世からは古代ギリシアの文物のごとく「手本」として崇められ、「古典派」の呼び名で尊敬の念を集めていったのである。

「第九」第一楽章のメッセージ——死から逆算された闘争

「第九」においても、ベートーヴェンのトレードマークといえる「ソナタ形式」の技がいかんなく発揮される。典型的な例が第一楽章である。なお、ソナタにせよ交響曲にせよ、第一楽章はソナタ形式で書かれるというのがスタンダードな方法であり、ベートーヴェン自身の交響曲でも全てこのパターンが用いられている。

といっても「第九」の場合、ソナタ形式を大きく発展させたベートーヴェンの作品らしく、非常に凝った構成だ。

まずは、第二ヴァイオリンとチェロとホルンが、長調か短調か判然としない茫洋たる和音を弱音で奏でる中、第一ヴァイオリンが仄かな閃光のように下降する音型を示し、全体が徐々に盛り上がる序奏から始まる。そしてビッグバンのように、全オーケストラが、今しがた第一ヴァイオリンの示した音型から派生した第一主題を劇的に奏でる。

断片の集積から巨大な全体を造形する――。この手法も、ベートーヴェンが得意としたものである。いわゆる「主題労作」と言われるもので、有名な例が『交響曲第五番』だ。この作品のニックネームである「運命」を彷彿させる「ジャジャジャジャーン」の音型が、これでもかと積み上げられ展開させられ、三〇分に及ぶ交響曲の全てを創り上げてゆく。名もなき人々が、ひたすら小さな成果を積み上げて新たな社会を創り上げてゆくべしという市民社会の理念を、音楽で体現したかのような曲の作り方なのである。

勇壮で悲劇的な雰囲気を湛えた第一主題が終わると、フルートとオーボエなど、柔らかな音の出る木管楽器を中心に、第二主題が現れる。そのメロディは「ファーソラ ラーソファファァーミレレード ミーファソ ソーファミミーレドドーシ」。つまり、第四楽章に登場する「喜びの歌」のメロディが、ここで既に予告されている。

展開部に入ると、第一主題、あるいは序奏に出て来たその動機を中心に、文字通り「主題労作」というべき展開が待っている。しかも展開部の冒頭は、序奏同様茫洋としていて、さらにはティンパニが弱音で鳴らす合いの手も加わり、ただごとでない不安感に満ちている。

それを振り払うかのように、音楽はやがて闘争的に盛り上がる。そしてその頂点で、ティンパニが激しく打ち鳴らされる中、提示部以上に第一主題が激烈に現れると、再現部だ。より激烈になった第一主題ゆえに、それとは対照をなす第二主題の穏やかさが染み渡る中で再現部が終わるが、この先に再現部と同じくらい巨大な長さの終結部が続く。しかも終結部のさらなる終結部ともいえる箇所では、闘争的な楽想がいったん収まった後、チェロやコントラバスといった低音楽器がうねうねとした不気味な響きを出し、それに乗せてトランペットとティンパニを中心に葬送行進曲のリズムに基づく沈鬱なメロディが現れる。

これもまた、序奏部分で第一ヴァイオリンが示した音型を発展させたものなのだが、逆に考えれば、第一主題の最終的な結論は、闘争を経た後の死、あるいは第一主題そのものが、死から逆算された闘争だったと考えられる。「歓喜に寄す」のテーマである「喜び」が、死せる英雄の赴く楽園から来た存在であることを想起させる箇所に他ならない。

しかもこの楽章は、ニ短調で書かれている。一九世紀の終わり頃までの西洋音楽においては、長短それぞれ一二個存在する調性はそれぞれ異なる感情と結びついていると考えられていた。中でもニ短調は、厳粛さや怒りを示すものとして、死者のためのミサ曲(レクイエム)でしばしば用いられてきた。そのように考えると、最後の最後で葬送行進曲風の楽想が出現する第一楽章が、ニ短調で書かれたのは当然である。

なお、これまた西洋音楽の習慣として、交響曲やソナタのように複数の楽章が存在する曲では、曲全体の調を第一楽章の調で示すのが普通だった。となると、たとえ第四楽章において「喜びの歌」が長調で高らかに歌われるからとはいえ、「第九」そのものは「ニ短調」ということになる。希望を求めるがゆえの壮絶な闘いと死、あるいはそうした死を超えた復活こそが、「第九」全体の音楽的メッセージともいえる。

第二楽章のメッセージ——ベートーヴェンの危険ないたずら

第二楽章は、「スケルツォ」と呼ばれるスタイルだ。スケルツォとは、「冗談」や「諧謔」という意味。元々、特権階級のための演奏会で奏でられていた交響曲やソナタでは、ハーフタイムショー代わりに登場する中間楽章で、ゆったりとした三拍子に基づく貴族好みの踊りである「メヌエット」を採り入れることが流行っていた。

ところがベートーヴェンの時代になると、庶民の荒ぶる踊りを連想させ、あたかも一拍子のごとく聞こえる急速なテンポに基づく三拍子の楽章が書かれるようになる。しかも「第九」の第二楽章には、通常であれば二小節あるいは四小節単位で曲が進行してゆくところを、「三小節を一フレーズで」という、ベートーヴェン自身の書き込みがある。

つまり、感覚的には二拍子や四拍子で曲が進んでゆくように見せかけながら、いきなり三拍子を投入し、聴き手の拍節感や既成概念をひっくり返すブラックジョークである。これぞ、ベートーヴェン流の「スケルツォ」、つまりは冗談や諧謔に他ならない。

なお、スケルツォの基本構造は、メヌエットの時代からの流れを汲み、「最初の部分」「中間部分（トリオ）」「最初の部分」という三部構成になっている。しかもベートーヴェンは「第九」で、最初（と最後）の部分にもソナタ形式を持ち込むという離れ業をやってのけた。加えて、第一楽章同様に序奏が付いており、弦楽器が総出で奏でる音型は、第一楽章序奏に出現したそれを踏まえたものとなっているという凝りようである（第一楽章と同じくニ短調で書かれていることもあり、その感は一層強くなる）。

またこれらの弦楽器に続き、ティンパニが単独で「ダンダダン！」と、弦楽器と同じ音型を刻んで序奏を締める点も耳を奪う。ティンパニが単独で大暴れすること自体、当時としては異例であった。常識を覆すという意味でも、文字通りの「スケルツォ」である。

この衝撃的な序奏に続き、最初の部分が始まる。そこでは、序奏に出て来た音型がひたすら繰り返され積み重ねられ、ニ短調に基づいたテーマが激しく盛り上がる。文字通りの「主題労作」の技法であり、この部分が「第一主題」にあたる。そして「第二主題」は、管楽器が揚々と吹き鳴らすハ長調のメロディだ。

ここまでが、ソナタ形式の「提示部」にあたるとすると、「展開部」は、突然オーケストラ全体が静まり返る中、第一主題が次々と姿を変えて現れる箇所に相当する。しかもその最中、ティンパニが件の「ダンダダン！」という音型を、時には強烈に、時には不気味に鳴らす。そして「再現部」は、ティンパニとオーケストラが「第一主題」を激しく演奏する箇所から始まる。続いて「第二主題」も出現し、ここまでが最初の部分となる。

さて中間部だが、第四楽章の「歓喜の歌」の調と同じニ長調となる。しかも「ドーーレミーファソファファミミレ」という、これまた「歓喜の歌」を先取りするかのようなメロディが特徴だ。さらに、第四楽章で活躍するトロンボーンが一瞬だが参加し、第四楽章を先取りするかのような、荘厳かつ平安に満ちた雰囲気が顕現するが、それも儚く過ぎ去る。

そして再び最初の部分が戻ってくるが、終結部分では中間部のニ長調のメロディが一瞬顔を覗かせ、しかしニ短調の楽想によって断ち切られる。つまり、第四楽章の世界はまだまだ遠いというメッセージに他ならない。

なお、この第二楽章を特徴づけ、特にティンパニ独奏によって存在感が際立つ「タンタタン！」という音型。これは、官憲が群衆を追い散らす際に用いられた太鼓のリズムを模している、という説がある。またそうであるとするならば、自由を抑圧する為政者の姿をひそかに揶揄した存在として、正真正銘のブラックな冗談＝スケルツォである。しかも当局の側も、文学や絵画よりも具象性が薄い音楽となると、よほどのことがない限り検閲もできない状況が存在したことを考えるに、ベートーヴェンの側がこの楽章で、危険ないたずら――まさに「スケルツォ」の精神である――を仕掛けたとも考えられる。

第三楽章のメッセージ――究極の平安

「第九」全曲中、もっとも平和な世界が支配すると同時に、あまりにも穏やかで長く（一五分から二〇分はかかる）、睡魔に襲われることも多い楽章だ。そうでなくても、ここまでで既に三〇分ほど経過しており、しかも起伏の激しい二つの楽章で弾き手も聴き手もへとへとになっているのだから、それも当然だろう。

というわけで、この第三楽章はともすれば、メインの第四楽章を後に控えた休憩のひと時の様に受け止められがちである。しかしだからこそ、楽章全体の特徴を把握しておけば、その比類ない美しさに存分に身を委ねることも可能である。

実のところベートーヴェンは、この第三楽章でも、ソナタ形式をひそかに用いている。ただしそれは、あくまで隠し味であり、全体としては「変奏曲」のスタイルに仕立て上げられているのが特徴だ。変奏曲とは、特定のテーマを、手を変え品を変えて様々な形に変えてゆくというもの。これもまた、一人の人間がその人の個性はそのままに、様々な変容を経ながら、さらなる発展を遂げてゆくことを理想とする市民社会の理念と重なり合うものだった。

さてこの楽章だが、短い序奏に続き、第一ヴァイオリンが静かに平安に満ちて「ミーシードーソファ　ミソドレ　ミソファレ」というメロディを、四拍子、変ロ長調(究極の安らぎを象徴する調である)で奏で始める。これぞ、第三楽章の根幹を成すテーマなのだが、重要なのは、このメロディがやはり「歓喜に寄す」と通底している点だ。特に、和音構成の面からすると、「ミーシー　ドーソファ」というメロディと、「喜びの歌」の「ミミファソソファミレ」を重ね合わせると、異なるメロディながら、きれいにハモる。

次に、第二ヴァイオリンとヴィオラが「ミーレー　レミファレファミー」というメロディを今度は三拍子で、さらにニ長調(第四楽章に登場する「喜びの歌」と同じ調であり、第四楽章を先取りしたものともいえる)で奏で始める。しかもこのメロディも、第三楽章の最初に出てきた「ミーシー　ドーソファ」と、和音の点からはきれいにハモることから、このメロディを基とした変奏とも考えられる。

だがこの二つのメロディは単なるテーマとその変奏ではない。ソナタ形式の構造から考えると、「第一主題」と「第二主題」ともいえるのである。楽章が進んでゆくにつれ、それぞれの主題にはっきり基づいた変奏が現れるからだ。といっても変奏された両者は融合ではなく、あくまで並列関係にある。つまり、この箇所はソナタ形式で言う「展開部」ではなく「再現部」にあたり、第三楽章そのものが「展開部」を欠いたソナタ形式という、いわば変化球となっている。

なお第一主題の変奏と第二主題の変奏との間には、超絶技巧を要するホルンの独奏が挟まっている。楽器改良が発達した現在でも奏者にとっては手に汗握る場面だが、当時ホルンが開発途上にあったことを考えると、この箇所はきわめて難しく、またそれゆえに成功すれば何物にも代えがたいカタルシスを、吹き手も聴き手も得られたのである。

なお、ホルンという楽器は元々狩りの角笛から生まれ、田園のイメージと結びつく存在だった。そのことを考える時、この第三楽章全体を支配する天国的な、だからこそ凡百の演奏では手の届かない楽園の特別なイメージを、この箇所は想起させてくれるものだったろう。

この後、第一主題が、これまたきわめて演奏至難なホルン独奏の天国的響きを交えつつさらに二度変奏されるが、二度目の変奏に入ると大きな変化が起こる。この楽章では一度も登場しなかったトランペットが輝かしいファンファーレを奏し、それとともに、やはり控えめにしか用いられてこなかったティンパニが壮大に打ち鳴らされるからだ。まるで、憧れにすぎなかった楽園の入口が突然眼前に開けたかのような感すら抱かせるが、その興奮も徐々に鎮まり、楽想の点でも規模の点でも天国的なこの楽章は終わる。

さらに先取りして言えば、交響曲の特徴を成してきた器楽のみによる楽章は、ここで終わる。つまり、闘争や混乱を経た後の究極の平安こそが、器楽に基づく第一楽章から第三楽章に着目した時の「第九」の結論だった。ただし平安の中で最後に垣間見えたはずの楽園は、第四楽章の冒頭で木っ端みじんに吹き飛んでしまうのだが……。

第四楽章前半のメッセージ——音楽を通じた限界の突破

この楽章も第三楽章同様、変奏曲をメインにしながら、そこにソナタ形式の手法が加わる。またそうすることで、二〇分から三〇分近くかかる巨大な構造が崩壊することなく、限界ギリギリのところで保たれるという結果となっている。

序奏部分は、のっけから叩きつけるように、不協和音を含む激しい音楽で幕を開ける。これも第一楽章冒頭の音型を基本としており、さらに第一楽章のシンボルでもあったニ短調に基づくものだ。続いて、間髪を容れずチェロとコントラバスが、何やら人が語るようなイントネーションを具えた峻厳なメロディ——というよりは「音」を奏で始める。

これは「レチタティーヴォ」と呼ばれるもので、オペラやオラトリオなどにおいてよく用いられる。登場人物役の歌手や合唱が朗々と歌ういわゆる「ナンバー」とは別に、会話やナレーションの箇所で、普通であれば台詞ですませるところをあえて音楽を付けて、朗唱風に仕立て上げるということがおこなわれてきた。「レチタティーヴォ」の語源も、「朗誦する」「朗読する」という意味である。

ベートーヴェンは、このように声楽で用いられてきたレチタティーヴォを、「第九」に本格的に取り組み始める前年の一八二一年に完成させた『ピアノ・ソナタ第三一番』でも採用している。とはいえ、ピアニストが一人で朗唱風の音楽を奏でるのと、チェロとコントラバスを担当する複数の奏者が息を合わせてそれをするのとでは、後者のほうが圧倒的に難しい。だがベートーヴェンとしてはここであえて、音楽を通じた限界の突破を目論んだのだろう。

このような低音楽器によるレチタティーヴォの合間に、今度は第一楽章、第二楽章、第三楽章のメロディが現れる。前の楽章を回想するという手法も『ピアノ・ソナタ第二九番』で既に実践されていたことだが、「第九」ではそれらがことごとくレチタティーヴォの峻厳な響きによって断ち切られる、つまり、否定される(ただし各楽章に対しては温度差があり、究極の平安を描いた第三楽章の断片に関しては、少し逡巡するような反応でレチタティーヴォが始まるのが特徴だ)。

しかも、木管楽器が「ミミファソソファミレ　ソソラシ♭シ♭ラソファ」という、「喜びの歌」のメロディの原型を示すと、レチタティーヴォの調子も変わる。それまでは短調に基づき、厳めしさや拒絶感が漂っていたレチタティーヴォが急に長調となり、このメロディを認めようという機運が高まる。ここに、音を通じた手に汗握る駆け引きは一段落する。

そこから、チェロとコントラバスが静かに、「喜びの歌」をようやく奏で始める。メロディはニ長調。崇高さや勝利を表現する調性と考えられていた調である。何しろニ長調は西洋ではDと記すが、これはラテン語でDeus、「神」を表すアルファベットである。ニ長調は「神の輝かしい勝利」を象徴するものとして、とりわけ宗教音楽では好んで取り上げられてきた。

しかもこのメロディが、第一楽章から第三楽章でも暗示されていたことを考えると、「第九」自体が、巨大な変奏曲であったとすらいえよう。あるいは、各楽章でソナタ形式が用いられていることを顧みると、曲全体がソナタ形式と変奏曲の融合の産物となっている。

こうして「喜びの歌」が四回繰り返されるうちに様々な楽器が加わり、最後はオーケストラ全体で盛り上がる。その有無を言わさぬ効果は圧倒的だ。この方法は既にベートーヴェンが、自身の交響曲のいくつかや「合唱幻想曲」で用いていたものだが、長い道を耐えに耐えてついに栄光の瞬間が現れる……というプロセスを辿られると、好き嫌いは別として誰もが感動せざるをえない。しかも、「喜びの歌」の伏線が当作品のそこかしこに張られていたことも考えると、見方によってはあざといまでの彼の作戦が、完璧だったことがよくわかる。

だがそれが頂点に達した瞬間、不安の影を宿した楽想が現れる。さらにその直後、第四楽章冒頭の激しい音楽が、先ほどよりもさらに楽器を増して=音量を増して、全てを突き崩す。

つまり、オーケストラによる「喜びの歌」は、第四楽章の、ましてや「第九」のメインではなく、むしろその途中の過程にすぎなかったのだ。そしてここまでの当作品の歩み自体、実はこの先展開される第四楽章後半の序奏だったことが、白日の下に晒される。

第四楽章後半のメッセージⅠ――一体となる独唱と合唱

再び出現した激しい音楽に続き、楽章の最初に低音楽器が奏でていたレチタティーヴォが、今度はバリトン独唱によって歌われる。なおテキストはシラーの「歓喜に寄す」ではなく、この曲のためにベートーヴェンが書き下ろした三行の歌詞「おお友よ……」である。つまり、器楽だけによる音ではなく、言葉と音楽が結びついた歌のメッセージを通じてこそ、真の「歓喜」がもたらされるという主張に他ならない。

またそのように考えると、悲劇的なニ短調で書かれた第一・第二楽章全体が巨大な第一主題＝正、天国的な平安に満ちた第三楽章が第二主題＝反、それらを統合し、声楽が加わる新たな境地を体現させた再現部＝合が第四楽章と、「第九」全体をソナタ形式や弁証法の理論で捉えることも可能だろう。

なおバリトン独唱は、ベートーヴェンの『レオノーレ／フィデリオ』や、ロンベルクの『鐘の歌』でもお馴染みの、理想社会の出現をもたらす指導者を表象する存在である。それに先導されて、まずは男声合唱が「喜びよ」という言葉、つまりシラーの「歓喜に寄す」のテキストの冒頭を連呼する。そしてそれは、単に力強い響きというだけにとどまらない。「歓喜に寄す」の骨格を成す友愛の思想が、フリーメーソンをはじめとする男性専用の結社において育まれたことを想い起こさせる。また、それを受けるかのように、バリトン独唱が「喜びの歌」のメロディに基づき、「喜びよ、神々の美しい閃光よ……」と歌い始める。

とはいえ、それに呼応する合唱にはすぐさま女声も参加する。しかもシラーの「歓喜に寄す」と異なるのは、独唱の歌う後半部分のテキストを合唱が繰り返すという点だ（たとえば、「喜びよ」から始まる八行分をまず独唱が歌うと、それに続いて合唱が「お前の魔法は再び結びつける」から始まる四行分を歌う）。つまり、独唱部分と合唱部分が明確に分かれていたシラーの場合と異なり、独唱は合唱の一部である、という考え方である。独唱者は名もなき民衆全体の代表者であり、注目や名声を独り占めする特別なスターではない、というベートーヴェンのこだわりが明確にわかる。また、こうした事情を受け、次の段落（「大きな幸いを得た者……」）からは、独唱も合唱同様、女声を加えた四つの声（ソプラノ、アルト、テノール、バス）に拡大される。

こうして、さらに次の段落（「あらゆる存在は喜びを飲む……」）に至るまで、「喜びの歌」のメロディが少しずつ変奏されながら、音楽は際限なく高揚してゆく。そしていよいよ、「そうすればケルビムが見えてくる　神の御前に」という一節により、失われた楽園が眼前に開けたところで、合唱は元々「歓喜に寄す」には一度しか出てこなかった「神の御前に」を何度も繰り返し、最後はオーケストラとともにどこまでも長く音を引き伸ばす。第四楽章に声楽が加わって以降、最初のクライマックスだ。

次に出現する新しい変奏では、大太鼓、トライアングル、シンバルという「飛び道具」的扱いの打楽器、またピッコロという甲高い音の出る横笛が、「第九」においては初登場する。しかもそこで奏でられるのは、これらの楽器の出自であるトルコ風の行進曲である。

遠くから近づいてくる行進曲に乗せて、英雄を想起させる声種であるテノール独唱が、「朗らかに、創造主の恒星が飛翔するように……」の四行分を歌い始める。また、それに重ねて男声合唱団も、同じテキストを力強く歌い上げる。トルコという異世界の音楽が、硬直した旧来のヨーロッパの価値観に風穴をあける瞬間である。

なおこの箇所以降、独唱も合唱も、テキストの語句を幾度となく繰り返したり、順番を遡って反復したりする。それはさながら、理想世界の実現をこれでもかと追い求める姿勢と同時に、そうした世界が簡単には出現しないことをも暗示しているかのようだ。

そこからしばらくの間は、オーケストラによる間奏が続く。しかも、第一楽章の最後で斃れた英雄の遺志を受け継ぐかのように、闘争を思わせる激しいメロディを、オーケストラの様々な楽器が我も我もとこぞるように奏で、大きな盛り上がりを見せる。

これもまた、たった一人の英雄ではなく、それに触発された多くの民が闘いへと参加してゆく光景なのだろう。しかも、その結果を固唾を呑んで見守るかのように音楽が一瞬静まりかえった後、今度は独唱ではなく合唱のみがオーケストラの総奏とともに、「喜びの歌」のメロディを輝かしく歌い上げる。「喜びの歌」に基づいて直線的に進んできた展開の果てに凱歌が奏でられる第四楽章二つ目のクライマックスに他ならず、ここで曲自体が終わってもおかしくはない。

第四楽章後半のメッセージⅡ——革命の先の新たな社会へ

だがベートーヴェンは、さらにその先を続ける。しかもそこでは、「喜びの歌」とはまったく異なるメロディが、第二楽章でも一瞬登場したトロンボーンの響きとともに出現する。

それはあたかも宗教音楽のように聖らかかつ厳粛なメロディであり、しかも用いられる声楽は合唱のみ。その歌詞も、「抱かれよ　数多の者たちよ！」に始まる、神を想起させる内容だ（なおトロンボーンも、超越的な存在を彷彿させる楽器として、とりわけ宗教音楽において頻繁に用いられてきた）。

つまりここに来て、第四楽章は、ひいては「第九」は新たな局面を迎えるのである。音楽的には、ソナタ形式でいうところの第二主題が始まったことを意味する。逆に言えば「喜びの歌」のメロディは第一主題であり、それが変奏を通じて延々と繰り返されてきた後、それとは異なる価値観に立つ世界がついに出現したのである。

考えてみれば、「歓喜に寄す」は元々革命を賛美する内容であり、ベートーヴェンがそれに大幅に手を加えたからといって、その根本的な特徴は消え去るものではない。しかもベートーヴェン自身、「歓喜に寄す」のそうした世界観に共感を寄せながらも、だからこそ暴力や絶望に陥ってしまった現実の革命を前に、「平和」や「友愛」に基づく真の革命精神を、自らの創作活動を通じて体現しようと模索を続けた。

ベートーヴェンにとっては、闘いに勝利するのは当然ではあるとしても、それだけで終わりにさせるつもりもなかった。そして闘いの先に新たな社会を創り上げてゆくためのメッセージを、このいわば第二主題にこめようとしたのである。

人間の能動性を認めつつ、同時に絶対的な存在の前にひざまずく敬虔さ、またそれを喚起する調べ。だからこその聖歌風の響きを宿した楽想の出現であり、それはやがて、既存の調性をも踏み越えてしまったかのような神秘的な和音の中に、「星の彼方にその方はいるに違いない」と合唱が高音で囁く、法悦的な瞬間へと至る。

さらにここから、ソナタ形式でいう「展開部」が始まる。第一主題、つまり「喜びの歌」のメロディと、第二主題が同時に出現し、絡まり合いつつ高揚してゆく。しかも前者には「喜びよ、神々の美しい閃光よ……」、後者は「抱かれよ　数多の者たちよ！……」という、異なる二つの歌詞が割り振られている凝りようだ。加えて二つの異なるメロディと歌詞が同時進行するにあたっては、宗教音楽でよく用いられる「フーガ」の技法が使われる。

フーガとは、ある声部の音型を他の声部が調を変えながら受け継いでゆくという技法で、音の大伽藍を築くという点で、唯一絶対の神を讃えるにふさわしいものだった。しかも大伽藍をさらに高く壮麗にするにあたっては、一つの音型だけでは飽き足らず、別の音型も加えてゆく場合もあった。

いずれにせよ教会建築家のように、作曲家の腕前が問われる技法である。なおフーガは一八世紀後半には一時衰退しかけたが、ベートーヴェンはそれをバッハやヘンデルといった先達の作品から学び取った。そして、宗教曲である『荘厳ミサ曲』はもちろん、数々のピアノ・ソナタや「第九」といった、いわば「世俗曲」にも応用していった。

こうして「展開部」の最後には、第四楽章におけるいわば三つ目の、しかも一つ目や二つ目の大音量とは正反対のクライマックスが、静謐に、しかし厳然と築かれる。

だが、ここでも曲は終わらない。さらにそこから先、ソナタ形式では「再現部」にあたる箇所が続く。まずはオーケストラによって「喜びの歌」の音型（「第一主題」）が細かく演奏される中、独唱が「喜びよ、神々の美しい閃光よ……」と歌い始め、合唱もそれを受け継ぐが、「あらゆる人々は兄弟となるがよい」からは、聖歌風の「第二主題」から派生した音型も加わり、最後は独唱四人の織り成す美しい四重唱で静かに終わる。

最後の休符――無音の中にこだまする祈り

いわばそれは、第四楽章の第四のクライマックス、あるいは第三楽章の流れをも汲む美しく静謐なエンディングである。だが、一瞬終わったと思わせておいて、どこまでも続くのが、ベートーヴェン作品の一つの特徴である。とりわけ「第九」においては、フランス革命に始まり保守反動体制に至る現実世界の重苦しい閉塞状況を前に、器楽とは異質な声楽という手段を用いた交響曲を通じてそれを打ち破ろう、そして音楽を通じて遮二無二理想世界を顕現させようという狙いもあったはずである。

ということは、最後は是が非にも盛り上がり、演奏者も聴衆も興奮の坩堝《るつぼ》の中で一体化しなければならない。実際、オーケストラが音量と速度を徐々に上げる中、打楽器やトロンボーンも加わったすべての楽器が第二主題に基づく急速な行進曲を展開し、合唱が「抱かれよ　数多の者たちよ！……」と熱狂的に歌う。そして最後は「喜びよ、神々の美しい閃光よ！」の歌声が輝かしくこだまし、それが終わるとオーケストラの総奏が、第一主題に基づく急速な行進曲で全曲を締めくくる。

こうして「第九」は終わるわけだが、ベートーヴェンは最後の音符の後に休符を書き、そこにフェルマータ(「長く伸ばす」)という記号まで付けている。つまり、すぐさま拍手喝采となりそうなところだが、余韻まで楽しんでほしい、というのが作曲者の意図に他ならない。「星の輝く天幕の彼方」に届く響きを、あえて宗教曲ではない、交響曲というジャンルで作り上げようとした彼の祈りが、無音の中にこだまする箇所である。

ベートーヴェンvs.ロッシーニ?

このように、激しく輝かしい盛り上がりを見せて終わる「第九」。実はそこには、ある作曲家からの影響を見てとることができる。当時ウィーンをはじめヨーロッパ中でそのオペラ作品の数々が大人気を博していた、イタリア出身のジョアッキーノ・ロッシーニ(一七九二—一八六八)である。

ロッシーニは、ベートーヴェンが「第九」に本格的に取り組むこととなった一八二二年、四カ月にわたりウィーンに滞在した。そして新作を含む彼のオペラが次々と上演され、この街に「ロッシーニ・フィーバー」とでも呼ぶべき現象を巻き起こした。

なおこの時、ロッシーニはベートーヴェンを訪問したのではないか、と言われているが、真偽をめぐっては研究者の間でも意見が分かれている。ましてや、その際ベートーヴェンがロッシーニに対して、「あなたは喜劇的なオペラ以外のものを作ってはいけない」と述べたと伝えられているのも、なおさら怪しいということになる。

では、なぜこのような伝説が生まれたのだろう。保守反動体制の下で抑圧された人々が、ロッシーニの威勢の良い喜劇的オペラを通じて鬱屈した気分を吹き飛ばし、逆に深刻なベートーヴェンの曲を忌避するようになったため、ベートーヴェンはロッシーニに嫉妬していた、あるいはロッシーニは保守反動体制の立役者であるメッテルニヒのお気に入りの音楽家であり、それがベートーヴェンの気に障った——。こうしたことを踏まえると、ベートーヴェンのロッシーニに対する上記の発言は、「お前は喜劇的オペラだけ作っていればそれで充分だが、自分はそんな音楽家とは違う」という揶揄になる。

だがそうであったなら、そもそもベートーヴェンがロッシーニに会うはずなどないだろう。また、ベートーヴェンの弟子であったルドルフ大公は、ロッシーニのオペラのメロディに基づいたクラリネットとピアノのための変奏曲を作っており、ベートーヴェンはそれに対するアドバイスを与えている。さらに、ウィーンで人気を博していたロッシーニのオペラ自体、喜劇よりも悲劇が多く、そこでは失われた祖国や自由を回復するために闘う主人公たちの姿が描かれている。

そしてきわめつきは、ロッシーニがオペラを作る際に得意とした作曲技法である。これは、

日常のベートーヴェンの姿を描いたスケッチ(1815年、ヨハン・テオドール・ライザー画)

短いメロディを何度も繰り返しながらティンパニはもとより、大太鼓、トライアングル、シンバル等の打楽器を交えて曲全体が盛り上がり、華やかなクライマックスに至るというもの。いわゆる「ロッシーニ・クレッシェンド」と呼ばれる技法で、それが「第九」の終結部にも用いられていると考えることができるのだ。

このように、ベートーヴェンが嫌っていたと伝えられるロッシーニからの影響も、「第九」には如実に現れている。逆に言えば「第九」の、少なくとも第四楽章に具わっているのは、単なる深刻さや精神性だけではなく、心浮き立つような高揚感、祝祭感に他ならない。大人数の声楽と管弦楽が渾然一体となり、その熱気が客席をも巻き込むことによって生じる一種のお祭り騒ぎ。そうした「俗っぽさ」も、「第九」第四楽章の本質の一つなのである。

ちなみに、ロッシーニをこよなく称賛していたドイツの思想家、それは、ベートーヴェンのまさに同時代人であるヘーゲルだった。

第 5 章

それができない者は、そっと立ち去るがよい

初演の経緯と 19 世紀の「第九」

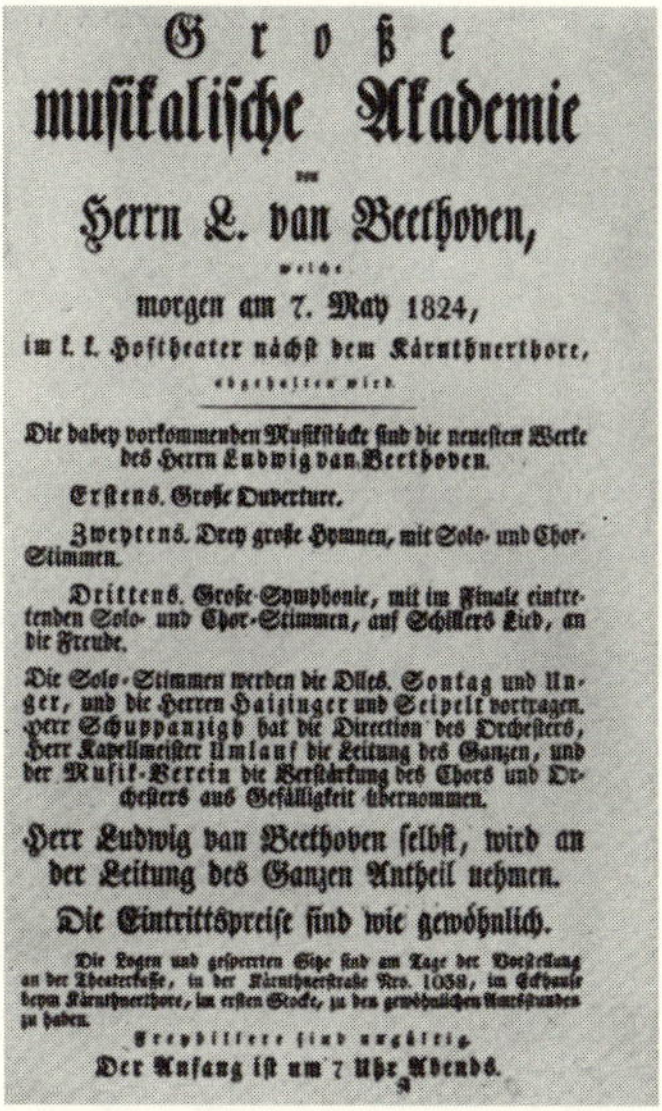

Große

musikalische Akademie

von

Herrn L. van Beethoven,

welche

morgen am 7. May 1824,

im k. k. Hoftheater nächst dem Kärnthnerthore,

abgehalten wird.

Die dabey vorkommenden Musikstücke sind die neuesten Werke des Herrn Ludwig van Beethoven.

Erstens. Große Ouverture.

Zweytens. Drey große Hymnen, mit Solo- und Chor-Stimmen.

Drittens. Große Symphonie, mit im Finale eintretenden Solo- und Chor-Stimmen, auf Schillers Lied, an die Freude.

Die Solo-Stimmen werden die Dlles. Sontag und Unger, und die Herren Haizinger und Seipelt vortragen. Herr Schuppanzigh hat die Direction des Orchesters, Herr Kapellmeister Umlauf die Leitung des Ganzen, und der Musik-Verein die Verstärkung des Chors und Orchesters aus Gefälligkeit übernommen.

Herr Ludwig van Beethoven selbst, wird an der Leitung des Ganzen Antheil nehmen.

Die Eintrittspreise sind wie gewöhnlich.

Die Logen und gesperrten Sitze sind am Tage der Vorstellung an der Theaterkasse, in der Kärnthnerstraße Nro. 1038, im Eckhause beym Kärnthnerthore, im ersten Stocke, zu den gewöhnlichen Amtsstunden zu haben.

Freybillets sind ungültig.

Der Anfang ist um 7 Uhr Abends.

1824 年、「第九」が初演されたアカデミーのポスター

理想的な初演地を求めて

「第九」の楽譜は、一八二四年二月頃にひとまず完成したものと思われる。またそれを待つか待たぬかのタイミングで、初演をどこでおこなうかという算段が始まった――。

と書くと、奇異に響くかもしれない。「二曲の新作交響曲」という当初の内容と違うとはいえ、この曲が生まれたきっかけは、ロンドンのフィルハーモニック協会からの依頼があったためだ。となれば、「第九」をロンドンで初演するのは当然ではないか？

本来は、協会から元々依頼されていたようにベートーヴェンがロンドンまで赴き、作曲者本人として初演の指揮をとれば、一大センセーションが巻き起こるはずだった。だが当時のベートーヴェンの体調、さらにロンドン滞在の際の費用をめぐってフィルハーモニック協会と彼との間に意見の隔たりがあり、結局彼のロンドン訪問は実現しなかった。

またベートーヴェンは、「第九」のイギリス初演に関してはフィルハーモニック協会がおこなう権利があることに同意していたものの、世界初演については、作曲者である自分が取りしきっても問題ないと考えていた。そうした一種のわがままが通るほどまでに、ベートーヴェンの存在はフィルハーモニック協会にとっては圧倒的だったのである。

ただし、ベートーヴェン自身が全て差配して「第九」を初演するとなると、これは大変だった。演奏会自体の企画、会場の予約、出演者の手配、チケット販売、リハーサルから本番に至るスケジュール管理、そして自身が指揮者として本番を取りしきる、といった一切合切を、自らの手でおこなう必要があったからである。

こうした形式の公開演奏会は「アカデミー」と呼ばれており、ベートーヴェンも、「第九」を含めた自身の交響曲の世界初演をこのスタイルでおこなっている。第3章で触れたように、市民階級の成長を背景に、早くから専門のプロモーターによる公開演奏会のシステムが確立されていたイギリスに比べて、オーストリアではいまだ貴族の力が強く、音楽ビジネスが整っていなかったことが理由だった。またアカデミーが成功しさえすれば、その純益は全て企画者である音楽家の懐に入るため、フリーの音楽家だったベートーヴェンにとっては、うまみのある企画だった。

というわけで、ベートーヴェンは「第九」初演を含むアカデミーが一番成功しそうな街を探し始める。ただし当初そこに、ウィーンは含まれていなかった。国際都市ゆえ、ライバルとなる音楽家や演奏会も多く、アカデミーを開催しても成功の保証がないこと。ベートーヴェン自身、耳の病をはじめとする体調不良、さらに保守反動体制下での不自由な社会の中で、一〇年近く公開の場で演奏をしておらず、「過去の人」となっていること——。そうした事情が、本拠地ウィーンでのアカデミー開催を躊躇する理由となったのである。

ウィーン初演までの経緯

だが、このようなベートーヴェンの動向を、ウィーンのベートーヴェン・ファンが放っておかなかった。モーリッツ・フォン・リヒノフスキー伯爵(一七七一―一八三七)といった貴族や、カール・チェルニー(一七九一―一八五七)をはじめとする有名音楽家等、様々な名士が一八二四年二月、「第九」をウィーンで初演してくれるように嘆願書をしたためたのである。

またベートーヴェン自身、ウィーンで「第九」の世界初演をおこなう可能性を完全に排除していたわけでもなかった。ウィーンで活躍していた歌手に「第九」の女声独唱を担当してもらうべく、彼が接近を試みたのもその表れだ。宮廷歌劇場専属のアルト歌手カロリーネ・ウンガー(一八〇三―七七)は、一八二四年一月にベートーヴェンのもとを訪ね、「第九」ウィーン初演に踏み切ろうとしないベートーヴェンを叱咤激励している。

こうした事情があって、ベートーヴェンは最終的にウィーンでの「第九」初演を含めたアカデミー開催を決定するが、次は演奏会場と出演者を確保しなくてはならない。なお、当時のウィーンには演奏会専用のホールは存在せず、演奏会を催す場合は劇場か、宮殿等の大広間を借りるしかなかった。しかも今回は、オーケストラ、独唱、合唱を擁する大所帯であるため、多数の出演者と来場者を収容できる広さの会場が必要だった。

検討の結果、日程的に都合がつき、ウィーン最大規模の大きさ(収容人数約二四〇〇名)を誇るケルントナー門劇場に狙いが定まる。ケルントナー門劇場は、ハプスブルク家がウィーンに構えた二つの宮廷劇場のうちの一つであった。しかもオーケストラにも合唱にも、ハプスブルク家の宮廷に属する音楽家、つまり宮廷歌劇場管弦楽団および合唱団が出演するのが常だった。

もちろんベートーヴェンのような外部の人間が、宮廷劇場の主催公演でない催しをおこなう場合は、劇場での公演がない日を選ぶ必要があった。ただしそうした日は、劇場所属の音楽家も仕事がないため、彼らを一括して借り上げることができた。

ケルントナー門劇場(1830年頃、作者不詳)

しかも彼らの演奏水準は折り紙付き。何しろ、後に宮廷歌劇場管弦楽団のメンバーが自主的に立ち上げた団体こそ、世界を代表するオーケストラの一つ、ウィーン・フィルなのである。また、宮廷歌劇場合唱団は、現在のウィーン国立歌劇場合唱団の前身にあたる。

それでも、まだ出演者が足りなかった。このアカデミーでは、「第九」に先立って『荘厳ミサ曲』から三つの楽章を抜粋してウィーン初演がおこなわれることとなっており、こちらも「第九」に負けず劣らず大規模なオーケストラと合唱が必要だったからである。そこでベートーヴェンは、ウィーン楽友協会の会員、つまり、音楽的に優れた腕前と理解を具えた音楽愛好家にも出演を要請した。

こうして、職業音楽家と音楽愛好家から成る特別編成のオーケストラと合唱団が結成された。職業音楽家の人数は約八〇名、愛好家はおよそ五〇～六〇名と推定されている。またリハーサルを開始してみると、会場の大きさに比して管楽器の響きが薄かったことから、オーケストラについては、楽譜に指定されている人数の倍の管楽器奏者が急遽集められた。

合唱のみによる練習は四月二九日から、またオーケストラや独唱者のみの練習も交えつつ、全員が揃ってのリハーサルは初演前日まで三回おこなわれた。しかも、普段は別の仕事をしている音楽愛好家が集まれるよう、特に第一回目の全員リハーサルは、週末に設定されるという念の入れようだった。さらに初演は五月五日に予定されていたところを、入念な仕上げが間に合わないということで、最終的には五月七日の午後七時に決定された。

初演の際の状況――三人の指揮者

現在「第九」を上演する場合は、舞台の手前中央に指揮者、その奥にオーケストラ、さらにその奥に独唱者と合唱団が配置される、というスタイルが一般的だ（独唱者が舞台手前に並ぶこともある）。だが初演の際の舞台配置は、現在のそれとはまったく異なっていた。

まず、劇場でアカデミーが催される場合、普段は舞台の下で歌手の伴奏に甘んじているオーケストラは、舞台の上に登ることになっていた。反対に、合唱は舞台の下に陣取った。また独唱者は、舞台の一番手前に並ぶのが通例だった。

全体練習を進める中で音響上の問題が生じ、いったんはオーケストラを舞台の下に、合唱団を舞台の上に配置する案も浮上した。ただし、第四楽章の低弦によるレチタティーヴォが演奏困難で、すさまじい轟音／騒音となってしまったため（オーケストラ内の楽器配置も現在とは大きく異なり、コントラバスは二手に分かれて、オーケストラの左右を固めるように並べられていた）、結局、元々の予定通りの配置となった。

さて、指揮者はどこに立ったのか？「第九」初演では、ベートーヴェンはアカデミーの主役として「全体の統括」、つまり総指揮者の役割を担った。ただし合唱が参加する楽曲の場合、総指揮者は合唱団の前に立つ習慣となっていたため、ロウソクの灯りしかなかった当時の劇場では、舞台上のオーケストラからその姿を見ることが難しい。また合唱団は舞台に背を向けて立っているから、オーケストラと合唱団の双方がアイコンタクトを交わすのも無理である。

というわけで、補助指揮者的な役割をする人間が必要になった。そこで活躍したのが、コンサートマスターである。当時のコンサートマスターは、指揮者の有無にかかわらず、文字通り「演奏会の主役」として、ヴァイオリンを演奏しつつ、オーケストラの指揮をおこなうのが常だった。「第九」初演の際には、ベートーヴェンの盟友だった名ヴァイオリニスト、イグナツ・シュパンツィヒ(一七七六―一八三〇)がその任にあたっている。

また、声楽付きの大規模な演奏会となると、もう一人、舞台の上に指揮者が必要だった。つまり、舞台下の総指揮者の動きを舞台上のオーケストラ、特にコンサートマスターに伝えると同時に、舞台下の合唱団に対してはピアノを弾きながら、オーケストラのタイミングを音で示したのである(なおピアノは縦型が通例で、舞台の一番手前、つまり独唱者の脇に置かれた)。

というわけで、「第九」の楽譜には書かれていないが、初演、さらに再演の際にもピアノが参加していた。そしてこの任にあたったのは、ケルントナー門劇場の楽長であり、ベートーヴェンとも長い知り合いであるミヒャエル・ウムラウフ(一七八一―一八四二)だった。

ベートーヴェン全聾説の虚実

このように「第九」の初演には三人の指揮者が並び立った。その理由は、ベートーヴェンの耳の病をフォローするという以上に、合唱の参加する大規模な演奏会の通例だったからである。

実のところ、当時ベートーヴェンが全聾でなかったことは、初演に合唱団員として参加したとある女性も証言している。彼女によれば、ベートーヴェンは曲の進行に合わせてきちんと譜面をめくっていた。つまり、完全とはいえないものの、それなりに演奏を聴ける状態にあったことになる。となると、初演に関して伝えられている感動的なエピソード、つまり耳が聞こえなかったベートーヴェンが終演後の大喝采に気づかず、曲が終わっても立ち尽くしていた、それを見たアルト歌手ウンガーが彼の手をとって客席に振り向かせた、という話も怪しくなる。そもそも初演の際の演奏者の配置を考えれば、こんなことが起こるはずもない。また曲全体が終わった後、拍手が起きたことすらわからないというのは、これまでも数々の演奏会で指揮をしてきたベートーヴェンにしてみれば、ありえない話である。

さらに、初演の合唱に参加していた件の女性の証言によれば、第二楽章の冒頭、ティンパニが「ダンダダン！」と鳴り響いたところで拍手が湧き起こったらしい。当時の「クラシック音楽」の聴き方は、各楽章が終わったところで拍手喝采をするのは当然で、演奏の途中でも気に入った箇所では拍手をするのが一般的だった。むしろ現在の演奏会のように、静寂を保って全曲を聴き通し、曲が全て終わってからようやく拍手をする「鑑賞方法」こそ、ありえなかった。

だが、いくらそうした習慣が存在したからとはいえ、ベートーヴェンとしては楽章の開始早々に客席が大熱狂するとは思いもしなかったろう。また、彼は指揮を始めると没我の境地に入ってしまうことが多かったため、楽章中の拍手に気づかない彼を促すべく、劇場関係者がその都度彼のところに合図をしにやってきたようだ。

では、全聾のベートーヴェンの手を取ってアルト歌手が客席に振り向かせたという「感動エピソード」はどこから来たのか。それは、当時ベートーヴェンの無給秘書を務めていたアントン・シンドラー（一七九五―一八六四）という人物が書いたベートーヴェン伝に由来する。

シンドラーはベートーヴェンの死後、彼に関する大部の伝記を著したり、指揮者としてその作品の普及に努めたりと、ベートーヴェンの功績を広く後世に伝える役割を果たした。だがその一方で、当のベートーヴェン伝には作り話が多く、誤ったイメージやエピソードが流布するきっかけを作った。さらに耳の不自由だったベートーヴェンが、会話にあたって用いていた「会話帳」を改竄したり、部分的に破棄したりした。

こうした人柄が、ベートーヴェン自身の不興を買ったのだろう。「第九」初演直後、シンドラーはアカデミーの売り上げをごまかしたとベートーヴェンから疑われ、秘書の座を追われる（ただしこれについては、シンドラーが濡れ衣を着せられた可能性も高い）。それでも彼は死の床にあったベートーヴェンの下に戻り、再び無給の秘書として働いた後、ベートーヴェンの遺品管理をする中、会話帳の改竄等をおこなったのである。

ベートーヴェンのしたたかな商魂――再演と楽譜出版

逆に言えば、シンドラーが述べたほど、「第九」の初演は悲劇的ではなかった。またベートーヴェン自身、そうした記述が喚起する「逆境を堪え忍ぶ孤高の芸術家」イメージとは裏腹に、「第九」をめぐってしたたかな姿勢を取り続けた。何しろ、「第九」初演でのアカデミーの収益は莫大で、高級ピアノが約二台買えるほどの富をベートーヴェンにもたらした。またこれに気をよくした彼は、周囲の勧めもあって二四目のドジョウ、つまりアカデミーの再演に踏み切る。

再演がおこなわれたのは、初演から約半月後の五月二三日。会場は使用状況の都合もあり、王宮内の舞踏会場レドゥーテンザールに変更された。しかも、初演とは異なって、独唱者――しかもウィーンで人気のイタリア人歌手のゲスト出演付き――の見せ場を多く含むプログラムで聴衆を引き付けようという作戦だった。

ただしこちらは、不入りに終わった。天気のよい休日の午後に開催されたため、人々は戸外に遊びに出てしまい、初演のような大入りとはならなかったのである。プログラムに関しても、再演の話がかなり突発的だったこともあって詳細がなかなか決まらず、告知や話題作りが遅れたことも失敗の原因だった。

このように、再演ではミソがついたものの、逆にそれをバネにするかのように、今度は楽譜出版と作品献呈へ向けたベートーヴェンの奮闘が始まる。楽譜出版については、ロンドンのフィルハーモニック協会との契約上、作品完成後一八カ月は協会に作品の占有権があった。

それでもベートーヴェンは、占有権の終了を待ってから出版社を探し始めるなどという悠長な真似はしなかった。何しろ初演の計画が進み始めた三月、ドイツ西部のライン河沿いの街マインツに本拠地を構えるショット社が、「第九」と『荘厳ミサ曲』の両方の出版を、しかも破格の条件で申し出てきたのである。

ショット社としては、ヨーロッパに数ある出版社に先んじて、超有名音楽家であるベートーヴェンの新作を出版することのメリットを充分理解した上での行動だった。またベートーヴェンとしても、楽譜出版を通じて自身の作品が世に知られるだけでなく、充分な収益が見込めるとなれば、この話に乗らないわけがない（なお当時は、印税という概念はなく、最初の契約に提示された金額こそが原作者にとってはもっとも重要だった）。

なお、「第九」の上演にあたって、しばしば「速すぎる」として問題視されるメトロノーム表示に基づいたテンポ指示も、出版にあたって付けられたものである。元々ベートーヴェンが「第九」を書いた時には、具体的な（数量的な）テンポ指示はなく、言葉によりテンポ感がざっくりと記されているだけであった。それが楽譜出版にあたって、作曲者を直接知らない第三者でも作曲者の意図を詳細に理解できるように、という意向が働いた。

ただし、当時のメトロノームの性能は必ずしも安定しなかった。またベートーヴェン自身、実演を経たとはいえ、テンポ指示を書き込んだのは机上という事情ゆえ、実際に演奏できる範囲内にメトロノーム表示が設定されにくかったという事情がある。結果、ベートーヴェンとしては「できる限りのエネルギーをもって音楽を進めてほしい」と思った箇所に、常識はずれの速さのテンポ指定がおこなわれたのである。

さらなる箔付けを目論むベートーヴェン――献呈先の模索

同時にベートーヴェンは、「第九」という作品にさらなる箔を付け、さらなる利益を上げようと目論んだ。つまり、有力者にこの作品を献呈し、出版譜にもそのことを麗々しく掲げ、献呈者から謝礼を得ようと考えたのである。

そこで様々な候補者が浮上するのだが、いずれも大国の支配者ばかりだった。しかも当初は、フランス国王ルイ一八世(一七五五―一八二四)、ついでその後継者であるシャルル一〇世(一七五七―一八三六)が考えられた。なおルイ一八世とは、フランス革命の中で処刑されたルイ一六世の弟で、ヨーロッパ中に保守反動体制が敷かれたおかげでフランス国王に即位した人物である。さらにその弟にあたるのがシャルル一〇世であり、保守反動的な政策を敷いたため、やがて一八三〇年、市民階級の不満を背景に勃発した革命(七月革命)で王座を追われることとなる。

つまり、革命思想とはまったく相容れない二人の君主であるにもかかわらず、ベートーヴェンは、自ら重視していた当の革命思想と多かれ少なかれ対立するような存在に、こともあろうに「第九」を献呈しようと目論んだ。なぜか?

既に幾度か述べたように、ベートーヴェンは、自分を尊敬してくれる貴族に対しては良好な関係を結ぶことを厭わなかった。「第九」の献呈に際しても、もっとも金払いがよく、作品の権威付けになる相手を狙っていたのである。名だたる君主を相手に、ベートーヴェンはしたたかな商売を仕掛けようとしたのだった。

ちなみに様々な模索の後、献呈先は、プロイセン王フリードリヒ・ヴィルヘルム三世（一七七〇―一八四〇）にようやく落ち着く。こうして、フィルハーモニック協会の占有権が消滅してから半年以上を経た一八二六年八月、ショット社から「第九」の楽譜が出版された。ただし、その楽譜に麗々しく名前が掲げられた肝心のフリードリヒ・ヴィルヘルム三世からは、思ったような額の報酬を受け取れず、ベートーヴェンはかなり落胆した模様である。

編曲版出版の断念と「とてつもなさ」への挑戦

さて、ショット社から出版された「第九」は、第一楽章から第四楽章まで通した全曲版の総譜、つまり全てのオーケストラと声楽のパートが書き込まれた楽譜「だけ」だった。これは当時としては異例のことだった。というのも総譜は、たとえば指揮者やコンサートマスターにとっては必要かもしれないが、通常の愛好家にとっては、よほどのマニアを除けば縁の薄いものだからである。むしろ普通の愛好家用に、家庭で新作交響曲を楽しめるよう、ピアノ独奏用の編曲版が、総譜とともに出版されるのが普通だった。演奏会場で新作交響曲を聴くことのできる人間はごくわずかであったから、再生メディアのなかった時代、出版社は、曲の普及のためにピアノ編曲版を作り、数多くの人々に曲を知ってもらおうとしたのである。
もちろん、「第九」に関しても、ピアノ独奏用の編曲版を作ろうとする動きがなかったわけではない。編曲者は、ベートーヴェンの弟子であり、気鋭のピアニストとして注目されていたチェルニー。彼は既に、いくつものオーケストラ曲をピアノ独奏用に編曲していた経歴があったため、白羽の矢が立った。

ただし、この計画が実現することはなかった。つまりチェルニーほどの人物であっても、「第九」は手に余る存在だったということである。長大かつ複雑なところに加え、最後には声楽まで入るという、常識破りの作品。これをピアノ独奏用に仕立て上げること自体、チェルニーをもってしても不可能だった。ということでショット社は、別の編曲者に依頼し、第四楽章のみを、ピアノ伴奏付きの声楽用楽譜として売り出すことを余儀なくされた。

なお、新作交響曲を家庭で演奏してもらう作戦の一環として、ピアノ独奏の他に、弦楽四重奏をはじめとする室内楽用の編曲がおこなわれることもままあった。ところが「第九」の場合、弦楽四重奏版、あるいはピアノ四重奏版については、編曲計画こそ持ち上がったものの、やはりこちらも原曲に具わった空前絶後のスケールゆえに、実現することはなかった。

となると逆に、「第九」のとてつもなさにあえて挑み、それをことさら強調するような編曲を実現しようという剛の者が現れてもおかしくはない。その先駆的存在こそ、一度は「第九」

ピアノ独奏版の編曲を断念したチェルニーだったのである。彼は、ベートーヴェンの交響曲全てを、ピアノ四手連弾版に編曲するという離れ業をおこなった。そしてそれを一八二九年、つまりベートーヴェンが亡くなってから二年後に出版した。

もちろん交響曲全集であるから「第九」も含まれていたが、その内容は、一般的な音楽愛好家が楽しむには、あまりにも困難なレベルだった。チェルニー自身が超絶技巧の技を具えたピアニストだったため、彼としては高度のテクニックを具えた一握りの愛好家、あるいは職業音楽家の中でも最高の腕前の持ち主が演奏することを想定していたのだろう。というわけで、「第九」の編曲にあたって一番の難関となる第四楽章に関しても、声楽を入れずピアノだけで演奏するようになっている。

この姿勢は、チェルニーの弟子であり、彼の超絶技巧路線を拡大していったフランツ・リスト(一八一一―一八八六)を通じて、さらに明確に打ち出されることとなった。リストは、ピアノ二台(演奏者はピアノ一台につき一人)による「第九」の編曲版を、一八五一年に作り上げる。しかもそれは、たった二名のピアニストの奮闘を通じ、オリジナルのスケールをより色濃く打ち出した内容となっている。

その後、リストはベートーヴェンの交響曲全曲をピアノ独奏用に編曲し、一八六五年に出版するという途方もないプロジェクトを実現させた。もちろん「第九」についても、ピアノ連弾版に勝るとも劣らない、演奏者と楽器の限界に挑むような内容となっており、一台のピアノが奏でる大オーケストラと合唱の世界が繰り広げられている。

ベートーヴェン生前の「第九」上演の歩み

このように、一八二四年「第九」初演、一八二六年総譜出版、それからかなりの歳月が流れた後、ようやくいくつかのピアノ編曲版が出たことになるが、そもそも「第九」の原曲自体がなかなか普及しなかった。

ベートーヴェン自身が立ち会ったウィーンでの初演と再演の後、次に「第九」が取り上げられたのは、依頼元であるロンドンのフィルハーモニック協会の演奏会だった。時は一八二五年三月二一日である。この時も、「第九」の初演、再演に勝るとも劣らない様々な曲が演奏された後に、「最新の個性的交響曲」という触れ込みで、「第九」全楽章が取り上げられた。しかも歌詞は、シラーの「歓喜に寄す」を基としたドイツ語ではなく、イタリア語だった。当初は英訳での上演が考えられていたのだが、それが頓挫したこと、またイタリア語は伝統的に西洋音楽における共通語として用いられてきたため、イギリスの人間であってもドイツ語よりも歌いやすい、という判断が働いたと考えられる。

次に「第九」が上演されたのは、一八二五年四月一日、フランクフルトにて。ただしこの時は、演奏会の最初に第一・二（あるいは三）楽章を演奏し、間に他の曲を挟んで、締めくくりに第四楽章を演奏、という形での上演だった。つまりベートーヴェンの意に反して、伝統的な交響曲上演のごとく、各楽章がばらばらに演奏されたのである。しかも、演奏が困難という理由から、第二楽章（あるいは第三楽章）がカットされた。

さらに一八二五年五月二三日、低地ライン音楽祭の一環として、ドイツの一都市であるアーヘンの王立劇場でも「第九」が上演された。指揮をしたのは、その前年にロンドンから故郷のボンへ帰って来たばかりのリースである。ただしこちらも演奏されたのは第一楽章、第三楽章、第四楽章で、難しい箇所はカットや変更を施され、バリトン独唱の冒頭部分の歌詞も変えられた（もちろんそうした状況を、リースはベートーヴェンに黙っていた）。

ようやくウィーン初演に次いで「第九」の全曲が完全な形で上演されたのは、一八二六年三月六日、ライプツィヒでのこと。演奏にあたったのは、今なお現役老舗オーケストラとして世界的名声を博しているゲヴァントハウス管弦楽団であり、会場も彼らのホームグラウンドであるコンサート専用ホール、ゲヴァントハウスだった。既にショット社が「第九」の出版準備に入っており、それを融通してもらったことが、完全上演に結びついた模様だ。

こうして「第九」は、少しずつではあるものの、初演地のウィーン以外の街でも演奏がおこなわれるようになった。なお、ベートーヴェンの生前最後に「第九」の上演がおこなわれたのは、一八二七年三月一五日ウィーンにて、コンセール・スピリチュエルによるものだったが、死の床にあったベートーヴェンがそれに立ち会うことはできなかった。

第四楽章をカットして演奏——不完全な上演のあり方

ではベートーヴェンの死後、「第九」の上演に関してはどのような状況が続いたのだろうか？　注目すべきは、一八三一年三月二七日にパリ音楽院でおこなわれた演奏会である。これはドイツ語圏やイギリス以外での地で「第九」が演奏された、最初の例となる。

指揮をおこなったのは、フランソワ＝アントワーヌ・アブネック（一七八一―一八四九）。彼は、ベートーヴェンの交響曲をフランスに紹介することに情熱を燃やし、途方もない規模と内容を具えた「第九」の上演をも貫徹した。とはいえこの演奏会でも、交響曲の各楽章がばらばらに演奏される伝統的なしきたりに則り、第一・二楽章が演奏会の頭に、その後別の曲を挟んで、第三・四楽章が演奏会の締めくくりに上演されている。

だがその後も、ドイツ語圏を含むヨーロッパ各地で「第九」が積極的に上演されるようになったわけではなかった。たとえば「第九」初演にも参加したウィーン楽友協会だが、音楽愛好家のために創られたこの協会は、会員がメンバーであるオーケストラも有しており、年に四回ほど定期予約演奏会を開催していた。しかし彼らが「第九」の全曲を上演したのは実に一八五四年、つまりこの作品が初演されてからちょうど三〇年後のことだった。

もちろん、それまでも楽友協会のオーケストラは「第九」を何度か手掛けていたものの、第一・二楽章だけの上演にとどまっている。しかも場合によっては、二つの楽章の間には別の曲が挟まれた。また、他の都市の上演でも、器楽のみで演奏可能な第一〜三楽章が取り上げられることはあっても、第四楽章はしばしばカットされた。

声楽の登場する肝心かなめの第四楽章を抜きにして「第九」が演奏される――。現在では信じがたい上演形態だが、当時としては当然の措置だったとも考えられる。

何しろ「交響曲」と銘打たれているからには、器楽だけで演奏できる楽章のみを取り上げたところで、何の不都合もない。むしろ全曲中、一〇分程度しか登場しない声楽のために、独唱者や合唱団を集め、わざわざ彼らと練習しなければならないのは非効率的というもの。しかも声楽が入ることも相まって、第四楽章の演奏はきわめて難しい。

理解不能――第四楽章への批判

こうしたいわば「現場」の事情とは別に、「第九」の第四楽章については、その圧倒的な効果への賛辞とともに、美学的な問題が早くから指摘されていた。たとえばベルリンでの上演を受けて、ルートヴィヒ・レルシュタープ（一七九九―一八六〇）という評論家は次のように記している。「様式としては、真面目な教会音楽と喜劇的オペラがごちゃまぜになっている。加えて、オーケストレーションがそれにさらなる輪をかけているため、規格外の要素はより規格外のものとして目立ち、理解不能な要素はいっそう理解不能なものと化している」。

この書きぶりから見るに、彼が第四楽章に対して批判的であることはよくわかるが、同時にその批評はこの楽章の性格を見事突いている。つまり良く言えば多彩、悪く言えば雑多な要素が特徴であり、それを受け容れられない人々も少なからず存在したということだ。

また、それほどまでに第四楽章は、一般的な理解を超えたものだったのだろう。何しろウィーンの初演においても、「印象は筆舌に尽くしがたいほど圧倒的だった」という評が寄せられたほどである。こちらは肯定的な書きぶりだが、未曾有の聴体験を前に、それをどのように言語化してよいかわからないという戸惑いも垣間見える。

逆に言えば、聴き手に混乱を生じさせる第四楽章を演奏せずとも、第三楽章までで充分完結しているという見方が生まれたのは当然だろう。第三楽章は、第一・二楽章の闘いや混迷を超越し、平和に溢れた世界を描き出す。ベートーヴェンが従来作ってきた、ゆったりとした速度の楽章の中でも、楽想の上からも長大さの上からも、とりわけ天国的な世界――。だからこそ、この第三楽章をもって「第九」の結論とする見解もありえたのである。

ワーグナーの奮闘――「第九」上演への悲願

だが、不完全な「第九」上演を改めることを声高に主張し、自らその実現に向けて積極的に動いた人物がいる。オペラの世界に新たな潮流をもたらした作曲家であり、指揮者、脚本家、思想家と様々な分野で功績を残したリヒャルト・ワーグナー(一八一三―八三)である。

幼い頃から音楽に興味があったワーグナーが、職業音楽家としての道を進む決意を固めたのは、一六歳を迎えようとしていた一八二九年のこと。当時彼が家族とともに住んでいたライプツィヒの市立劇場で、ベートーヴェンの歌劇『フィデリオ』の上演を体験したことがきっかけとなった。そこから、自作のピアノ・ソナタ、弦楽四重奏曲、オーケストラ用序曲(いずれもベートーヴェンが深く関わったジャンルである)を作るかたわら、一八三〇年から三一年にかけて「第九」のピアノ独奏用編曲を手掛けてゆく。

当時、「第九」の総譜を出版していたショット社からでさえピアノ独奏版が出ていなかった状況を考えると、ワーグナーの行動はとてつもない挑戦だった。しかも彼は別段、編曲作業を誰かから頼まれたわけでもなく、あくまで自主的にこの作業に没頭した。

なおこの編曲版だが、第四楽章に関しては声楽部分、つまり独唱と合唱が参加する形になっている点が特徴である。つまりこの編曲版は、チェルニーやリストのように、ピアニストの妙技を披歴するためのものではない。むしろ、オーケストラがなくても、器楽と声楽の融合が図られた「第九」独自の存在感を多くの人々に伝えよう、というワーグナーならではの意思の結晶だった。

ただし「第九」のオリジナルのバージョンを、しかも恒常的に取り上げてゆくとなると、話は別である。ワーグナー自身、それを実現させるまでには一〇年以上の歳月を要した。彼は職業音楽家として頭角を現すべく、ヨーロッパ各地を転々とした後、一八四三年にライプツィヒの近くにある古都ドレスデンの宮廷劇場の楽長に就任。以降、自作オペラの上演と並んで、ベートーヴェンの「第九」の指揮を計画し、一八四六年にそれを実現させる。

ワーグナー指揮によるバイロイトでの「第九」演奏会(1872年、ルイス・ザウター原画)

ドレスデンでは既に、一八三七年八月に「第九」の上演がおこなわれていた。指揮者は、ワーグナーの前任者であるカール・ゴットリープ・ライシガー(一七九八―一八五九)。人類愛を謳う「第九」上演にふさわしく、貧困層救済のためのチャリティを目的とした野外演奏会だった。また同年一一月には、ドレスデン宮廷劇場でも再演がなされている。

にもかかわらず、その後ワーグナーが「第九」をこの街で取り上げるまでには、一〇年近い歳月が必要だった。やはり「第九」に関しては、演奏至難という見方が根強かったのだろう。また当時はまだ、現在の「クラシック音楽」の上演方法とは異なり、過去の傑作を繰り返し取り上げるよりも、新曲を次々と初演してゆくという旧来の傾向が根強かった。

それに対して、ワーグナーはある種の殴り込みをかけた。彼は「第九」では人が集まらないとする劇場経営陣を前に、獅子奮迅の闘いを開始する。

たとえば匿名で新聞に意見書を発表し、「第九」がいかにすばらしい作品であるか、世間に向けて熱弁をふるった。あるいは「第九」全曲上演のネックとされてきた第四楽章の声楽、特に合唱の充実に心血を注ぎ、宮廷劇場の合唱団はもとより、教会付属の合唱団、さらには愛好家から成る市民合唱団のメンバーも加えて、公演を大成功に導いた。

「俺様」仕様と化す「第九」

ただし、ワーグナーの「第九」上演に関する奮闘ぶりは、「第九」を完璧な形で上演し、その真価を世に広めたい、という動機以上のものを孕んでいた。

一例が、「第九」上演の反対派に対抗するために新聞に投稿された意見書である。そこでは、ゲーテの大作『ファウスト』が引き合いに出され、それが「第九」の根幹的な世界観といかに重なり合っているかが説かれている。ただしその一方で、シラーについては何一つ触れられていない。つまりワーグナーとしては、「第九」そのものよりも、「自分の「第九」解釈はこうである」ことを掲げようとしたのである。

そんなワーグナーの「俺様」ぶりは、ベートーヴェンの書いた楽譜にも及ぶ。彼はベートーヴェン自身が書いたオーケストレーションを不完全と見なし、「ベートーヴェンは本来であればこのような響きを求めただろう」という憶測のもと、元々の楽譜にはない楽器を投入したり、いくつもの箇所で音符を書き加えたりしていった。

もちろんこうした「改訂」「改竄」は、ワーグナー以外にも当時の音楽家がベートーヴェンのオーケストラ曲を指揮する時に、よくおこなっていたことである。しかも一九世紀は折からの産業革命や科学革命により、楽器も長足の進歩進化を遂げていた。そのため、最新の楽器を用いて過去の作品を効果的に提示するのは、自然な成り行きだった。

ただしワーグナーはこうした改変作業について、自著の中で折に触れて、誇らしげに掲げることを厭わなかった。というのも彼は、自分の目指す「総合芸術」としてのオペラ、つまり音楽や文学や美術が渾然一体となった新時代のオペラ＝「楽劇」の先駆的存在として、「第九」を捉えていたからだ。となれば、そうした「第九」を自分の色に染め上げる作業を恥じる理由などあるはずもない。つまり「第九」も、さらにはベートーヴェンその人も、ワーグナーにとっては自らの行動を正当化するための恰好のネタだったということになる。

もちろんワーグナーは若い頃からベートーヴェンを尊敬しており、彼に関する小説や様々な解説を著してきた。ただしそこでは、ベートーヴェンに自身を重ね合わせ、自分こそが彼の衣鉢を継ぐ正統的存在であるといわんばかりの没入ぶりが強烈に打ち出される。

逆に言えばこうしたワーグナーの姿勢は、同僚音楽家に対する執拗なまでの批判、あるいは無視と通底する。たとえば彼はドレスデンで「第九」を初めて指揮したライシガーについて、その演奏が酷いものであったため、自分がこの街に赴任するまで「第九」が取り上げられなくなった、とこき下ろす。だが、当の演奏会にワーグナー自身は立ち会っておらず、加えて宮廷劇場で再演までおこなわれたことを考えるに、ライシガー指揮の上演を失敗と決めつける理由など、どこにもない。

またこの頃になると、「第九」に触発された声楽付き交響曲を発表する音楽家も出現しつつあった。エクトル・ベルリオーズ(一八〇三—六九)の劇的交響曲『ロメオとジュリエット』(一八三九)、フェーリクス・メンデルスゾーン(一八〇九—四七)の『交響曲第二番「讃歌」』(一八四〇)がその代表例である。しかし、ワーグナーが自身の「第九」について見解を述べた件の意見書においては、これらの作品が言及されることはない。特にベルリオーズの『ロメオとジュリエット』については、パリにいた若き日のワーグナーが初演を聴き、ベルリオーズを終生敬愛する契機になったことを考えると、不思議である。

「友愛」から「排除」へ

ましてや、ワーグナーが「第九」を引き合いに、メンデルスゾーンについて語ることは皆無だった。生前、指揮者としても高名だったメンデルスゾーンは、ライプツィヒのゲヴァントハウス管弦楽団の楽長を務め、「第九」に関しても高水準での上演を何度も果たしていたにもかかわらず、である。

しかも、高名な先輩のメンデルスゾーンに対し、ワーグナーは無視を決め込むどころか、やがて攻撃を開始した。それが、一八五〇年に匿名で、やがて一八六九年に改訂版が実名で出版された『音楽におけるユダヤ性』である。この中でワーグナーはメンデルスゾーンに対し、彼がユダヤ人であること、またユダヤ人音楽家の活躍が音楽界、ひいては世界を侵していると主張する。典型的な反ユダヤ主義の書に他ならない。

これは実に奇妙な光景ではないか？　ワーグナーがあれほどまでに称賛した「第九」は、「友愛」を謳う作品だった。そしてワーグナー自身、いくら「第九」を自分仕様に改変するといっても、「友愛」に関するテキストまで変更したわけではなかった。さらにドレスデンでの上演にあたり、ワーグナーは宮廷劇場の内装の変更を敢行した。舞台上のオーケストラを、合唱と観客がぐるりと取り囲むという形にしたのだが、そこには演奏家と聴衆が一つになる＝音楽を通じた友愛で結ばれる、という意図があったはずである。

にもかかわらず、究極の理想的な「第九」上演にあたって、ワーグナーは同業者たちを無視し、時に激しくこき下ろす。しかもそこに民族的な理由が持ち出されるとなると、「第九」を全き形で上演するという狙いとは裏腹に、それを実現しようとしていたワーグナー自身の「第九」観がそもそも間違っていたのではないか？

排除の連鎖を呼ぶ「第九」

だが逆にワーグナーこそは、「第九」のある特徴をこれ以上ないほど体現した人だったともいえる。しかも、「排除」という点において。

シラーの「歓喜に寄す」からベートーヴェンが、「第九」のテキストに選び取ったある部分を思い出してみよう。

大きな幸いを得た者／即ち友を友とできた者／優しい妻を得た者は／その喜びを共にしよう！／そうだ、たとえたったひとつの魂であっても／自分のものと呼べるものを世界で持つ者は！／そしてそれができない者は、そっと立ち去るがよい／涙しながらこの集まりの外へ！

この箇所は、「第九」の第四楽章では「喜びの歌」のメロディに乗って独唱、次いで合唱によって歌われる。それゆえ歌詞の意味を知らないと、ここまでの厳しい内容が書かれているとは思いも寄らないかもしれない。だがベートーヴェン自身、この排除のメッセージが現れる箇所を「第九」のテキストに採用し、しかも該当部分は強音から弱音に落とすよう、つまり輝かしい友愛のメッセージに一瞬翳りが現れるような指示をおこなっている。

もちろんこの箇所でベートーヴェンは（あるいはその背後にいるシラーは）、いきなり排除に走っているのではない。喜びの輪に加わることのできる様々な条件を示した後で、それでもその条件を満たせない場合は排除する、と言っているのである。

とはいえ、これ以外にも、ベートーヴェンが「歓喜に寄す」から「第九」に引用した箇所には、「排除」のにおいが立ちこめる部分が存在する。たとえば上記のテキストに続いて、独唱が先導し、合唱が繰り返す次の歌詞「快楽などはウジ虫に与えてしまえ／そうすればケルビムが見えてくる　神の御前に」はその典型だ。ウジ虫は、つまり快楽に浸る者は喜びの輪に加わることなどできない。

しかも、快楽を捨て去った者はケルビムが護る神の領域、つまりエデンの園を眼前に仰げる、というメッセージも曲者だ。というのも、エデンの園も元はといえば人間の祖であるアダムとイヴが神の教えに背いたがゆえに、神から追放された場だからである。

つまり「第九」の第四楽章は、次のようなプロセスを人々に提示する。
喜びの輪に加わる資格のない者は排除する(「そしてそれができない者は、そっと立ち去るがよい／涙しながらこの集まりの外へ！」)→資格を失いかねない要素についてはさらなるスケープゴートを作る(「快楽などはウジ虫に与えてしまえ」)→結果、以前自分たちが神から排除された場に戻れる(「そうすればケルビムが見えてくる　神の御前に」)……。

もちろんこのような「排除」は、シラー、さらにはベートーヴェンが目指したような理想を実現するにあたって、避けて通れない要素ではあった。つまり、市民階級が中心となった社会を形成してゆくにあたっては、旧い特権階級と対峙しなければならない。また、そうした社会の形成が成功した後も、当の市民を中心とした社会が内輪揉めで崩壊しないようにするためには、社会のルールを守れない者にそこから出て行ってもらうしかない。

一言でいえば、それは近代市民社会の抱えるひそかな脆弱性の裏返しである。つまりいつ崩壊するかわからない危うさを秘めているからこそ、全てを野放図に許容することなど不可能であり、結果、当の社会の理念である「自由」とは反対の「線引き」や「制限」、そして「排除」がおこなわれてゆく。

「第九」に潜む宗教性──疑似司祭としてのワーグナー

ところでワーグナーが浮き彫りにしたのは、「第九」に潜む危うさだけではない。この作品を祀り上げるべく、その神聖さを強調するという行為もその一つである。

既に述べたように、「第九」には、特にその第四楽章において、宗教音楽のような神聖さを湛えた場面が登場する。しかも「第九」完成に先駆けて、ベートーヴェンは『荘厳ミサ曲』の作曲に力を注いでおり、「第九」にもその影響が少なからず認められる。さらに、先に述べたように、ウィーンにおける「第九」の世界初演にあたり、その前プログラムとして、『荘厳ミサ曲』から三つの楽章が取り上げられたが、これはウィーンでのこの曲の初めての上演だった。

もちろんウィーンでの演奏会においては、アカデミーという性格上、主催者兼出演者の最新の曲を取り上げる必要があったため、『荘厳ミサ曲』と「第九」が演奏されたのは当然である。ただしその一方、劇場という「俗なる場」で催される演奏会で、教会という「聖なる場」で奏でられるべき宗教音楽を取り上げること自体、当時はタブー視されるほど革新的なことだった。そこで『荘厳ミサ曲』については、「三つの大賛歌」とポスターに書き込むことで、検閲の目をくぐりぬけ、上演にこぎつけるという頭脳作戦がとられたのである。

逆に言えば、新たな社会の担い手となりつつあった市民階級は、いまや教会ではなく演奏会場で聖なる音楽を体験できる、あるいは体験しようと考えるようになっていた、ということだ。となればそれは、特権階級の宴の延長線上に位置し、娯楽性や愉悦性を第一としてきた演奏会のあり方を決定的に変える出来事ではなかったか。つまり、それまで教会に求められてきた祈りや魂の救済が、演奏会に求められていったのである。「第九」もまた、宗教音楽ではないにもかかわらず、いや宗教音楽ではないからこそ、そこに聖なる要素を求めようとする新たな聴衆に訴えかけるものと化す。そしてその効果を、ワーグナー自身、充分に理解していた。

たとえば、一八四六年におけるドレスデンでの「第九」が、四月五日におこなわれたのもその証左である。この日はキリスト教の暦によれば「棕櫚《しゅろ》の日曜日」、つまりイエスの十字架上での受難と死、そして復活を遂げる「受難週」の最初の聖なる日曜日にあたる。

当時は、受難週は禁欲期間であり、劇場でも派手な歌舞音曲は禁止されるものの、真面目な内容の演奏会であれば劇場での上演が認められていた。つまり普通に考えれば、劇場が休館している時期だから、ワーグナーが「第九」上演をおこなったということになる。だがその一方で、新たな時代の宗教音楽とも見なせる「第九」を、あえて聖なる日曜日に演奏するという行為には、その演奏会自体を一種の疑似宗教儀式に、それを取りしきるワーグナー自身を疑似司祭に擬えようとする志向も垣間見えないだろうか。

疑似司祭としてのワーグナーと「第九」。それはやがて、彼が自らの理念を体現するための総合芸術の祭典、バイロイト音楽祭の創設に向けた活動の中で、より明確になる。一八七二年五月二二日、折しもワーグナー五九歳の誕生日にあわせて、音楽祭のメイン会場となるべき祝祭劇場の定礎式がおこなわれた。そしてこの日の夕方、バイロイトに一八世紀から存在する古い宮廷劇場で、彼は「第九」を取り上げたのだった。

なおバイロイトといえば、きわめて辺鄙な場所にあり、大勢の人々が集まることを前提に劇場を造るには不向きな街である。だがそれこそが、ワーグナーの狙いだった。つまり俗世の干渉を逃れ、自作の楽劇を自身の徹底したプロデュースを通じて上演するにはうってつけだったのである。また、本当にワーグナーに関心のある聴衆だけが万難を排してこの街を訪れ、身も心もワーグナー作品に捧げるべきである、という意図もあった。

つまりワーグナーにとってバイロイトとは、あるいはそこで催す音楽祭とは、巡礼あるいは修行といった、宗教的要素を伴っていた。となれば、そのスタートにあたって開催された演奏会もまた、ベートーヴェンという「神」によって与えられた「第九」という「聖書」を、ワーグナーという「司祭」が恭しく取りしきる祭祀となったのは当然だろう。

「カルト」的要素と市民の参加

言葉は悪いが、こうした状況は一種の「カルト」と言えるのではないか。また、そうしたカルト性は、「第九」に合唱が用いられているという事情ゆえに、いっそう色濃くなってゆく。

そもそも「第九」初演の際も、合唱には職業音楽家だけでなく、一般の音楽愛好家も参加していた。つまり様々な人々のために開かれている作品であり、多数の市民が社会を担うようになった一九世紀にこれほどふさわしいものもない。しかも音楽を愛する市民にとって、一番手軽に演奏に参加できる手段といえば歌であり、しかも一人で歌うよりもより安定感を得られ、他の人々との一体感も増す合唱は人気だった。

「第九」の上演史を見ても、職業音楽家だけではなく、音楽愛好家も合唱に加える、という事例は初期の頃から見られる。特に第四楽章が演奏至難な、難易度の高い存在と見なされてきたことを顧みるに、それでも大人数の合唱が圧倒的な高揚感をもたらすにあたっては、職業音楽家以外も含む幅広い層から構成されることが必要だったのだろう。

ただし、この点こそが曲者なのではないか。「市民による参加」、これは現在でも多くの「第九」の公演に見られるものである。しかも彼らは、自らの意思で「第九」の演奏に加わっている。だがそれは一歩間違えれば、「第九」に喜んで参加しているつもりで、それとは直接関係のない局面にも知らずして加担する可能性を孕むこととなる。

たとえば、「第九」に熱を上げすぎた結果、この作品を必要以上に「聖典」として祀り上げてしまう、あるいはそれを作ったベートーヴェンを「神」として崇拝してしまう。結果、往々にして起こりうるのは、その価値観を共有できない者に対して「そっと立ち去るがよい／涙しながらこの集まりの外へ！」という排除の姿勢である。あるいはそうした排除をおこなわない代わりに、自らと同じ価値観に無理矢理他者を引き入れようとする……。

しかもそれが、「第九」やベートーヴェンというレベルにとどまっている限りは、まだ穏便かもしれない。だが、奇しくもワーグナーがバイロイトでおこなったように、特定の個人が自らの理念や行為を正当化するために、人々から崇拝を受けている「第九」やベートーヴェンを持ち出すとすれば？　しかも、理念や行為を正当化するにあたり、そこにきわめて政治的なものが絡んでくるとしたら？　さらにそれを広めてゆく主体が、誰に命令されたわけでもなく、自発的にその流れを受け容れてしまうとすれば？

「ドイツ音楽の楽聖」という祀り上げ

このようなことをくだくだしく書いたのは、他でもない。ワーグナーの事例ならずとも、「第九」の上演において、作品そのものの内容とは直接関係のない要素を喧伝しようとする動きが往々にして見られるからだ。

たとえば、一八四五年八月一〇日に、ベートーヴェンの生まれ故郷ボンで、初めて「第九」が上演された時のことだ。この催しは、この街の中心部に建てられたベートーヴェン記念像の除幕式の関連行事としておこなわれている。

だがそれは、街が生んだ偉人を顕彰するだけにとどまらなかった。当時は、ドイツの統一に向けた機運が高まっていた時代で、そのためには「これぞドイツの文化」と呼べる文化的な共通認識を作る必要があると考えられていた。そこで持ち出されたのがベートーヴェンだったのである。何しろ彼は、社会の中心に進出しつつある市民階級に訴える音楽を作った人物として、彼らを一つに結びつける「ドイツ音楽の楽聖」と祀り上げられるようになっていたのだから。

となれば、「第九」こそは、そうしたベートーヴェンのイメージ形成にはぴったりの曲ではないか？　特にその合唱に、職業音楽家と並んで幅広い市民から募った人々も参加することを考えれば、彼らのうちに「ドイツ文化」の担い手にふさわしい共同体を育めるというものだ。

ただしベートーヴェン自身は、そのような目的のために「第九」を書いたわけではない。そもそも「第九」誕生の直接的きっかけをもたらしたのは、イギリスからの委嘱だった。つまりベートーヴェンのあずかり知らぬところで、第三者が(ワーグナーも含めて)自分にとって都合のよいようにベートーヴェンを祀り上げ、「第九」を解釈していったのである。

ちなみにこのボンのベートーヴェン祭では、偏狭なドイツ・ナショナリストの一派が、ある人物を排除しようとした。その人物こそ、ベートーヴェンを崇拝し、ボンのベートーヴェン記念像建立の資金集めにも奔走したリストだった。というのもリストは、民族的にはドイツ系だが、オーストリア帝国の支配下にあったハンガリー王国の出身であり、ヨーロッパ全域を股にかけた活動をしていたからである。ドイツ人でもないくせに余計なことをするな、というバッシングが浴びせられた。

「あらゆる人々は兄弟となるがよい」という「第九」のテキストの一節。そこに記された「兄弟」とは、ボンのベートーヴェン祭においては、「未来の統一ドイツに住むドイツ人」であり、ハンガリー出身のコスモポリタンであるリストでは、断じてなかった。

ドイツ・ナショナリズムの高揚とユダヤ人マーラー

「ナショナリズム」（さらに言えば「〇〇イズム」）に「第九」が結び付けられる――。そうした事例は、その後も繰り返される。また、その「第九」自体の内容とは直接関係のない動きが、皮肉にも「第九」上演の広がりを加速していった。

たとえば一八八六年、チェコの中心都市のプラハにおける出来事である。この街の王立ドイツ劇場で、三年前に亡くなったワーグナーを追悼するべく、ワーグナーの楽劇からの抜粋と並び、メインプログラムに「第九」が上演された。

これは、ワーグナーがバイロイト音楽祭創設のためにおこなった演奏会に因んだ催しのようにも思えるが、それだけではない。そもそも当時は、（色々と議論はあったものの）ワーグナー自身がベートーヴェンに連なる「ドイツ音楽」の後継者のごとく見なされていた。

しかもこの頃のチェコは、ドイツ系の貴族ハプスブルク家の皇帝が君臨するオーストリアの支配下に置かれていたが、折からのチェコ・ナショナリズムの高揚の中で、チェコ文化とドイツ文化の対立が深刻化しつつあった。そうした状況の中、ドイツ系文化の砦たる王立ドイツ劇場で、ドイツ文化の象徴といえるワーグナー、さらにその源泉である「第九」の上演がおこなわれたのである。

注目すべきは、二度にわたる「第九」演奏会の二回目の指揮台に、若きグスタフ・マーラー(一八六〇―一九一一)が登ったことだ。一回目の演奏会を担当したドイツ劇場の首席指揮者が病気になったことを受けての登壇だったが、話はそれだけに終わらない。

マーラーは民族的にはユダヤ人だったものの、学生時代には、様々な民族運動に揺れるオーストリアの都ウィーンにおいて、ドイツ文化の優位を主張するサークルに参加した。ユダヤ人というアウトサイダーであるからこそ、ドイツ系の社会と同化し、自らのアイデンティティをドイツ的なものに求めようとしたのだった。またそうした事情も手伝い、彼は熱烈なワーグナー信奉者となっただけでなく、後年「第九」を含むベートーヴェンの交響曲についても、ワーグナーのひそみに倣ったかのような大幅な改訂作業をおこなった。

ただしマーラー自身はその後、オーストリアのみならずヨーロッパ各地で高まりつつあった反ユダヤ主義の風潮を前に、孤立と孤独を深めてゆく。背景には、一九世紀後半に起こったユダヤ人の急激な社会進出と、それに対する危機意識の高まりがあった。

マーラーは、プラハのドイツ劇場等の活動を経て、わずか三七歳で西洋音楽文化の最高峰ともいえるウィーン宮廷歌劇場の総監督に上りつめる栄光に浴した。だがその一方、当のウィーンでは、彼自身がかつて参加していたドイツ文化サークルのメンバーが、反ユダヤ主義の旗を振るなど、状況はとみに緊迫の度合いを増しつつあった。

新たな芸術潮流「分離派」とベートーヴェン

こうした状況の中、マーラーと「第九」の間には新たな関係が生まれる。彼がウィーン宮廷歌劇場総監督に就任してから五年後の一九〇二年、この街でとある展覧会が開かれた。「第一四回ウィーン分離派展」（ベートーヴェン展）である。

ウィーン分離派は、奇しくもマーラーがウィーン宮廷歌劇場総監督として赴任した一八九七年、画家のグスタフ・クリムト（一八六二―一九一八）をはじめ、デザイナー、彫刻家、建築家といった、造形芸術に携わる様々な分野の人々によって結成された。「分離派」という名称の通り、当時もっとも価値があると見なされ、アカデミズムの主流を占めていた「歴史主義」から分離しようというのが、彼らの狙いだった。

ちなみに歴史主義とは、ゴシックやルネッサンスなど、過去の様式を引っ張って来た上で、それを重厚長大なスタイルに仕立て上げるべしという主義主張である。社会的台頭を果たしつつあった市民階級は、立身出世を遂げることが最優先の課題であり、自分たち独自の芸術様式を創り上げるだけの余裕を持てなかった。またそのため、過去の偉大な様式を真似することで、社会の頂点に立った自らの地位を派手に飾り立てようとした。

だが、そうした上辺だけの芸術のあり方に異議を唱えたのが分離派だった。彼らは「時代にはその芸術を　芸術にはその自由を」というモットーを掲げ、時代に即した自由な芸術のあり方を提言した。またそれを実現するために、ワーグナーが唱えた「総合芸術」の理念を、志を同じくする様々な分野の芸術家の協働によって打ち立てようとした。

ただし分離派は、単に過去を否定したわけではない。過去への無批判な追従や妄信を批判したのであり、またそうした意味で彼らにとってベートーヴェンとは、古い軛を断ち切り、新たな時代の芸術を確立した偉人だった。というわけで、分離派のメンバーは、ベートーヴェンを自分たちの展覧会のテーマに掲げ、様々な作品を発表した。中でもクリムトは、「第九」をモチーフにした壁画『ベートーヴェン・フリーズ』を作り上げた。

もちろんこうした動きは、賛否両論を巻き起こした。とりわけ『ベートーヴェン・フリーズ』に関しては、最後の場面で金色の光に包まれ抱き合う裸の男女が描かれたため、「第九」で謳われている「歓喜」を「性愛の歓喜」に置き換えたとして、猛烈な批判の対象となる（そ

『ベートーヴェン・フリーズ』の最後を締めくくる壁画。天使たちの歌声に包まれた英雄が、愛する女性と全裸で結ばれている(1901年、グスタフ・クリムト画)

うでなくても当時は、性を公に語ることがタブー視されており、またそれゆえに性的な鬱屈を抱える人々が続出していた)。

だが、クリムトをはじめとする分離派に、熱い共感を寄せる人々も少なくなかった。マーラーもその一人である。ウィーン宮廷歌劇場総監督として、過去の芸術遺産に宿るエネルギーを同時代に対して解き放つべく、彼は因習的な演奏からの決別、厳しい練習を経た作品の見直しをおこない、宮廷歌劇場の刷新を図っている最中だった。

それゆえマーラーにとって、クリムト、さらに分離派の人々は同志だった。彼はベートーヴェン展に合わせ、「第九」の第四楽章の後半部分、「抱かれよ　数多の者たちよ！」に始まる教会音楽を思わせる部分を金管アンサンブル用に編曲した。そして展覧会のオープニングに、宮廷歌劇場管弦楽団の団員を引き連れてそれを演奏させる、というサプライズをおこなった。

なおも固定化される「英雄ベートーヴェン」のイメージ

それは文字通り、分離派の目指した「総合芸術」の理念を、さらに音楽によって補強するものであった。またマーラーとしては、自ら音楽芸術に携わる者として、若き日のようにナショナリズムに基づいた社会変革ではなく、まさに芸術の力を信じた社会変革をおこなうために、「第九」を用いたということだろう。このようにマーラーや分離派を通じ、「第九」は、さらにベートーヴェンは、ナショナリズムを超えた形で、新たな意味を持ち始めた。またそれこそが、新たな価値観の創出者として彼らがベートーヴェンに注目した狙いでもあった。

ただし、だからこそ、ベートーヴェン展は、旧弊な習慣と闘い、それを乗り越える英雄としてベートーヴェンを捉えるという、旧来のベートーヴェン・イメージを補強するものでもあったのである。その一例が、件の『ベートーヴェン・フリーズ』だ。

壁画のストーリーは、ベートーヴェン（あるいはマーラー）を思わせる英雄が甲冑に身を包み、混迷をきわめる世界に乗り出してゆき、最後には性愛の歓喜に至るという内容だ。つまりここにも、英雄ベートーヴェン、闘う人ベートーヴェンというイメージは、飽くことなく維持されてゆく。分離派という新たな芸術運動をもってしても、強固に補強されてゆくベートーヴェン・イメージ。そしてそれをもたらしたものこそ、「第九」であった。

第 6 章

進め、兄弟よ、君たちの行く道を

激動の「現代」と「第九」の変容

ベルリンの中心街に到着したオリンピックの聖火、左手にはナチスの鉤十字の旗が見える(1936 年、出典：https://commons.wikimedia.org/wiki/File:Olympic_Fire_in_Berlin_1936.jpg)

「第九」の呪い？

「「第九」の呪い」ということが、時に囁かれる。「第九」という最高傑作がベートーヴェンにとって最後の交響曲になってしまった出来事を皮切りに、後に続く音楽家は皆、最大で九つの交響曲しか書けず、その後ほどなくして亡くなってしまう……。

たしかに、たとえばマーラーにせよ、彼が尊敬していた先輩音楽家のアントン・ブルックナー（一八二四―九六）にせよ、番号付きで残された交響曲は九曲である。しかもブルックナーの場合は『交響曲第九番』の最終楽章を完成できずに他界、マーラーも早すぎる死によって『交響曲第九番』の初演を自らの指揮でおこなえなかった。

ただし「「第九」の呪い」は、ポスト・ベートーヴェン世代の音楽家が交響曲を九つ書いて亡くなってしまう、といった類の怪奇ストーリーではない。彼らにとって交響曲とは、ベートーヴェンが出現する前のそれと異なって、自らの人生観や世界観を凝縮した荘重かつ壮大な表現手段と化していた。しかもベートーヴェン自身、そうした交響曲の先駆者として最後に「第九」を書いたとなると、後世の音楽家はそれに匹敵する作品を手掛けなければならない、というプレッシャーに晒され続けた。

その典型ともいえるのが、ヨハネス・ブラームス（一八三三―九七）である。彼は周囲の評論家や音楽関係者からベートーヴェンの正統的後継者と目され、「第九」に次ぐ「第一〇交響曲」

として『交響曲第一番』を書くべしという期待に苛まれた結果、全曲完成までに二〇年以上の歳月を要してしまった。またそれを物語るかのように、彼の『交響曲第一番』には、「喜びの歌」を彷彿させるメロディが、しかも最後の第四楽章に登場する。

つまり、交響曲というジャンルはそこまで「第九」を意識したものと化した。だからこそ、作曲自体にも途方もない時間とエネルギーが必要となり、生涯に仕上げられる交響曲の数は最大限でも九つ程度、という結果になったのだろう（なおブラームスは、交響曲については四曲しか作らなかった）。そうした意味で「第九」は、ベートーヴェン以降の音楽家にとって、目指すべき高みであると同時に、「呪い」とも化してゆくのである。

オリンピックと「第九」

さらに、作曲のみならず演奏の現場においても、「第九」が「呪い」と化すような出来事が起こる。一九三六年にナチス政権下のドイツで開かれたベルリン・オリンピックの開会式、また一九三七年と一九四二年に催されたドイツ総統アドルフ・ヒトラー（一八八九―一九四五）の誕生日に際しての祝賀演奏会こそ、その典型であろう。

とはいえベルリン・オリンピックの「第九」は、表面的には、近代オリンピックの理念、つまりスポーツを通じた世界の友好と平和の構築を推し進めるという路線に則っていた。したがって、友愛を通じた人々の連帯を謳いあげる「第九」は、平和の祭典としてのオリンピックの幕開けにふさわしいという位置づけだった。

なお、この考え方自体は、一九二四年に開催されたパリ・オリンピックで既に唱えられたものだった。第一次世界大戦(一九一四―一九一八)を通じ、ヨーロッパのみならず世界各地で起きた殺戮と分断の悪夢がまだ覚めやらぬ中、パリ・オリンピックで「第九」が演奏された、あるいは、実際に演奏されることはなかったがその計画があった、と言われている。

第一次世界大戦後のフランスでは、ベートーヴェンへの注目が高まっていた。その中心的人物となったのが、ロマン・ロラン(一八六六―一九四四)である。ベートーヴェンをモデルにした小説『ジャン・クリストフ』の作者であり、広汎なベートーヴェン論も著した彼の影響の下、フランスにとっても、さらにはヨーロッパ全体にとってもかけがえのない「人類全体の文化遺産」としてベートーヴェンを捉える動きが高まりつつあった。

それは裏を返せば、ベートーヴェンをドイツの英雄と称える一九世紀以来の偏狭なドイツ・ナショナリズムからの脱却を目指すものだった。とりわけ第一次世界大戦の勃発とともに、ベートーヴェンはドイツ人だけのものという見方が色濃くなり、逆に(フランスも含む)ドイツと敵対関係にあった国の人々は彼の作品を「敵国の音楽」と見なすという、ナショナリズムの衝突に起因する分裂が生じた。それが、政治的に引き裂かれたヨーロッパのさらなる分断や弱体化を、文化的にももたらしてしまったのである。

だからこそ、大戦終結を機に、ベートーヴェンをナショナリズムから解き放つことは何にもまして重要となる。しかも第一次世界大戦を含め、歴史上ことあるごとにドイツとフランスが対立してきたという経緯を乗り越えるためには。こうして、オリンピックと「第九」を結びつける試みが、パリで初めておこなわれたのだった。

見かけの融和、ナチスによる排除

この路線を、一九三六年のベルリン・オリンピックも受け継いだ。とはいえ、近代オリンピックが国際平和の場であると同時に、自国の優位性を国際的に発信する場であることを考える時、第一次世界大戦で敗れたものの、今や戦勝国と肩を並べる存在にまでドイツが復興を遂げたというPRが念頭に置かれていたことは否定のしようもない。

「第九」を開会式で大々的に取り上げることには、平和友好とともに、この作品を生んだドイツ文化の勝利を、あたかも国歌のごとく発信する狙いがあった。特にナチスは、アーリア系ドイツ人の優秀性を声高に説いていたこともあり、世界を席巻した「第九」には、ドイツの優位を国際的に知らしめる役割が期待された。

だがその一方で、ナチスはユダヤ人排斥を訴え、またそうした政策を着々と展開していた。

ただしそれをごり押しすれば、国際世論からの批判が強まることも意識していたため、ベルリン・オリンピックでは自国内からのユダヤ人選手に圧力を加えるかたわら、一部のユダヤ人選手を出場させることで、批判をかわそうとした。また、国際社会に対してドイツが友愛理念の実現を目指しているとPRする点からも、「第九」をベルリン・オリンピックで取り上げることには大きな意味があった。

結局、自国の勢力拡大を推し進めたナチス・ドイツは、ベルリン・オリンピック後、国際社会から離反してゆく。いったんは沈静化したかのように見えたユダヤ人排斥も過激さを増し、ついには第二次世界大戦へ突入。戦局悪化に伴い、ユダヤ人の国外追放という従来の方針が、強制収容所におけるユダヤ人の殲滅へと転換される。

そうした中で、ヒトラーの誕生日に際して二度おこなわれた「第九」の演奏は、彼に対する忠誠心と国威高揚を目指す催しと化した。演奏にあたったのは、元々は自主運営組織だったにもかかわらず、ナチス政権下において国家に組み込まれ、ドイツの誇る「帝国オーケストラ」と化したベルリン・フィルハーモニー管弦楽団(以下「ベルリン・フィル」と略)。指揮は、同団と密接な関わりのあるヴィルヘルム・フルトヴェングラー(一八八六—一九五四)だった。

一九四二年におこなわれた演奏会を記録した映像が残されているが、ナチスのシンボルであるハーケンクロイツが前方に掲げられたベルリン・フィルハーモニーホールには、演奏会の実行委員長役である国民啓蒙・宣伝相のヨーゼフ・ゲッベルス（一八九七―一九四五）をはじめ、ナチス・ドイツの高官や軍人たちが顔を揃えている。そうしたきわめて特殊、あるいは異常な状況の中で、フルトヴェングラー指揮するベルリン・フィルは、何物かに取り憑かれたかのような演奏を繰り広げている。

ちなみに、しばしば「ナチス独裁」と言われるが、そうした独裁体制が生まれたきっかけは、一九三三年にヒトラー率いるナチス党が選挙で大勝したことにある。もちろんそれに先立ち、ナチスが様々な示威運動や妨害工作を重ねたという事情はあるが、「自由」と結びつくきわめて民主主義的な制度の中で、ナチスは政権をとった。

したがってヒトラーは、民の信任を経た指導者ということになる。また、そうした指導者の下でドイツの人々の団結、あるいはそうした団結にふさわしくない者の排除をやむなしとする「第九」が演奏されるのは、きわめて理にかなったことだった。

『ヨーロッパ賛歌』の問題

このようにして「第九」は、その時々の政治や社会体制において、それに最もふさわしい、言葉を変えれば、最も都合のよい解釈を与えられた。それは、第二次世界大戦での敗北を機にナチス・ドイツが崩壊した後も、世界各地で続くこととなる。

たとえば第二次世界大戦後の東西冷戦下、「第九」は東西ヨーロッパ両陣営で、それぞれのイデオロギーを表明するのに恰好の素材として演奏され続けた。西側においては「東側で望むべくもない自由」、東側では「資本家／資本主義に対する労働者／社会主義の勝利」という意味付けを与えられたのである。

そうした状況の中、東側への対抗、さらには将来的なヨーロッパ再統一への展望を含め、西側陣営は一九六七年に欧州共同体（ＥＣ）を誕生させる。そして一九七二年には「喜びの歌」のメロディを用いた『ヨーロッパ賛歌』を、ＥＣ加盟諸国共通のいわば国歌的な位置を占める公式音楽作品として発表した。

この構想は、「欧州統合の父」として知られるリヒャルト・クーデンホーフ＝カレルギー（一八九四—一九七二）の提唱に基づく。オーストリア人と日本人の血を引き、コスモポリタンな視点に立ってヨーロッパの未来を探っていた彼は、ロラン同様、「第九」を汎ヨーロッパ的作品、分断されたヨーロッパを再統合するにふさわしい音楽的象徴と見なしていた。

そうでなくても「第九」に政治的対立を超えた団結を見て取ろうとする動きは、一九六四年の東京オリンピックにも現れた。この時、同オリンピックに参加した西ドイツと東ドイツは合同選手団を結成するが、そこで用いられた国歌代わりの曲が「第九」だったのである。

ただし『ヨーロッパ賛歌』にはテキストはなく、オーケストラあるいは吹奏楽による器楽で演奏されるようになっていた。これは、特定の言語を用いれば、言語の異なる西側各国の間で角が立つ、ましてやオリジナルのドイツ語の歌詞にこだわれば、ナチス・ドイツに典型的に見られるドイツ・ナショナリズムの記憶が蘇る、という事情に配慮したものだろう。だが同時にそれは、交響曲に声楽を導入するというベートーヴェンの挑戦的なアイディアを無視し、交響曲＝器楽曲という伝統に「第九」を引き戻す行為ではなかったか？

物議を醸されない作戦

加えて「第九」を『ヨーロッパ賛歌』に編曲し、録音用に指揮をしたのは、ヘルベルト・フォン・カラヤン(一九〇八―八九)だった。彼は、フルトヴェングラーに続く世代の指揮者として頭角を現した末、華やかなスター性を通じ、ベルリン・フィルの終身音楽監督を務めるなど「楽壇の帝王」として世界的に活躍していたため、白羽の矢が立ったのだろう。

ただし一方で、若き日のカラヤンは出世のためにナチスに入党したこともあり、第二次世界大戦後はドイツやオーストリアを占領した連合国側から、活動を停止された経歴を持つ(なおフルトヴェングラーもナチス・ドイツに協力したかどで一時活動停止を余儀なくされるが、彼自身はナチス党員ではなかった)。また演奏を担当したのも、かつてナチス・ドイツの傘下に置かれていたベルリン・フィルだった。

つまり、臑に疵を持つ演奏者を起用しつつ、あえて歌詞を用いない器楽編曲版を演奏させることで、『ヨーロッパ賛歌』に関しては極力物議を醸されない作戦がとられた。それは、「第九」の重要理念である平和の希求には一応沿うものであったかもしれない。だが、ベートーヴェンが「第九」で実現しようとした意図は歪曲され、さらに第三者が各人の利害から「第九」に対峙するという状況は、形を変えて残り続けたのである。

ベルリンの壁崩壊と「第九」——その光と影

東西冷戦終結のきっかけを作り、さらにはECが現在の欧州連合（EU）になる糸口となった出来事。それは、一九八九年に起きたベルリンの壁崩壊に他ならない。その年末には、冷戦による分断の象徴だった西ベルリン、次いで東ベルリンで、それを記念する「第九」演奏会が開かれた。

出演は、第二次世界大戦中には連合国として同盟関係にあったものの、冷戦下で対立を繰り広げたアメリカ、イギリス、フランス、ソ連、そして西ドイツのオーケストラの団員たちと東西ドイツの合唱団。さらに東ベルリン公演では、東ドイツの児童合唱団まで加わった。また指揮台には、長年の音楽活動を通じ、事あるごとに平和や自由のメッセージを発信し続けてきた、アメリカ出身のレナード・バーンスタイン（一九一八—九〇）が登った。

いわば『ヨーロッパ賛歌』誕生のきっかけを作った理念を、オリジナルの「第九」そのものの上演を通じて実現した演奏会だった。加えて、バーンスタインがカラヤンのライバル指揮者と見なされていた（しかもカラヤンはベルリンの壁崩壊数カ月前に死去していた）ことを考えると、絶妙の人選だったといえる。

ただしバーンスタインの考えを反映して、ここでもベートーヴェン自身のあずかり知らぬ変更がおこなわれた。テキスト中の「喜び」という語が、「自由」に換えて歌われたのである。実際バーンスタイン自身、インタビューの中で、シラーは「歓喜に寄す」執筆にあたり、「喜び」ではなく「自由」という語を考えていたこと、また、今回の変更をシラーもベートーヴェンも認めてくれるであろうと主張している。

ただしこの主張の出どころは、フリードリヒ・ルートヴィヒ・ヤーン（一七七八―一八五二）という、一九世紀に活躍したドイツ・ナショナリストの説に基づくもので、信憑性に乏しい。しかもシラー自身、『鐘の歌』の中で野放図な自由に対する警告を発していることを顧みるに、彼が「歓喜に寄す」の「喜び」を「自由」にしようと考えていたというエピソードには、疑問が付きまとう。つまりこの歌詞の変更は、たとえそれが平和や友愛を目指したものであろうとも、一種の捏造行為なのである。

またこの公演は、アメリカのマネージメント会社、コロンビア・アーティスツの支援によって実現している。コロンビア・アーティスツは、クラシック音楽の大衆ブランド化を狙いつつ、バーンスタインを含む西側世界の名だたる音楽家と契約を結び、世界中の多くの人々がクラシック音楽に触れる機会を作った。と同時に、有名アーティストを次々と専属とし、彼らのギャラの引き上げ等を通じ、クラシック音楽をきわめてコストのかかる商業ジャンルにしてしまったとして、功罪相半ばする存在と見なされている(なおコロンビア・アーティスツは二〇二〇年に経営破綻している)。

つまり、「第九」を通じて「平和」「友愛」といった崇高な理念の下に東西冷戦の終結を寿ごうにも、そこには必要以上に金儲けのにおいが漂っている。あるいは、冷戦終結後に急激に進むこととなる西側資本の成長と、それに伴うグローバル経済の進展を円滑にすべく、「平和」「友愛」を前面に押し出した「第九」公演がおこなわれたとも見なせる。

「第九」の理念に近いようでありながら、「俺のベートーヴェン」「俺の第九」を提示したいという欲望――。それは、この歴史的な演奏会においても否応なく現れ、「第九」をめぐる後世の人間模様の光と影を映し出した。

ボウイ、キューブリックらによる「換骨奪胎」の試み

いずれにしても、こうした問題が起こりやすいのは、「第九」が単なる器楽曲ではなく、声

楽を伴うためである。つまり、第四楽章に登場するテキストを、自分にとって都合のよい解釈に落とし込み、それに共感できる者同士の間だけで友愛を育める可能性が最初から存在する。しかも当のテキスト自体が、「歓喜に寄す」に基づく政治的社会的なメッセージを伴うがゆえに、普通のテキスト以上にそれぞれの都合に応じて、恣意的な解釈を生みやすい。

それでは、『ヨーロッパ賛歌』のように、あえて声楽を用いなければよいかといえば、そうではない。「喜びの歌」のメロディが友愛や変革を説くメッセージと不可分になっていることは、多くの人々が多少なりとも認識している。まただからこそ『ヨーロッパ賛歌』は、歌詞を伴わないながらも「友愛」をどこかで必ず想起させるものとして、ヨーロッパを束ねるEC、さらにEUの象徴として用いられ続けている。

では、まったく異なる歌詞をあてがえばよいかというと、これも難しい。たとえば「喜びの歌」のメロディは歌詞を変えて讃美歌にもなっているが、神を讃える行為自体、第四楽章に具わった宗教音楽的な要素と通底する。さらに「愛」や「平和」がキリスト教で重視されている教えであることを考えれば、それも「第九」のテキストとどこかで重なり合う。

そうした中、一九七二年に『ヨーロッパ賛歌』が発表されたタイミングにぶつけて、ロックミュージシャンのデヴィッド・ボウイ(一九四七―二〇一六)が、とある行動に出る。『すべての若き野郎ども』というゲイ賛歌をリリースした彼は、この曲を取り上げた自らのコンサートツア一中、「喜びの歌」のメロディを登場の際に用い続けた。それは、当時タブー視されていたゲイの存在を肯定し、新たな自由を謳う新時代の「第九」に他ならなかった。

また、その一年前の一九七一年には、映画監督のスタンリー・キューブリック(一九二八―九九)による映画『時計じかけのオレンジ』が公開された(原作は一九六二年にアンソニー・バージェス(一九一七―九三)が発表した同名の小説)。主人公は、ベートーヴェンの曲を愛するとともに、暴力とセックスに明け暮れる若者。彼はある殺人事件を犯して逮捕され、残忍な人格を矯正するという名目で、国家の目論む暗示療法の被験者として監禁される。

こうしたストーリー展開において、要所要所で用いられるのが「第九」である。たとえばそれは、残酷なまでの暗示療法のシーンの最中に耳を弄する大音量で流され、若者は自殺未遂に追い込まれるほどのパニックを起こす。あるいは映画の最後、本来の暴力的な性格が完治していないにもかかわらず、療法成功をでっち上げたい国家のプロパガンダの手先に彼が使われるシーンでも、「第九」が用いられる。

つまり、「第九」のテキストに漲る崇高な理念を換骨奪胎し、「自由」と表裏一体の暴力や、表面的な「友愛」「平和」の虚偽を暴き出そうとする行為に他ならない。ベトナム反戦運動や学生運動等を通じて世界が大きく揺れ動いているにもかかわらず、『ヨーロッパ賛歌』に見られるように、ナチス時代の清算からも目を背け、既に手垢のついた感のある一九世紀以来の近代市民的価値観に固執する人々に否を突きつけること。表現の方法こそ異なるものの、「第九」をめぐるキューブリックとボウイには、共通した姿勢が見られる。

さらに、やはりこの頃から盛んになった「古楽復興運動」では、一九世紀以降続いてきたロマンティックな解釈を捨てて、作曲家が生きていた時代の楽器や奏法を用い、作品に具わった生命力を蘇らせようとする動きが高まった。そうした中で、「第九」が初演された当時の響きを意識した演奏も徐々に現れ、伝統的な演奏では聴かれなかったような、ロックにも似たテンポ感やエネルギーに溢れた解釈が数多く出現し始めた。

このように一九七〇年代に入ると、欧米でも「第九」をめぐる諸相は変化を遂げる。ただしキューブリックにせよボウイにせよ、あるいは古楽復興運動にせよ、いくら「第九」を新たに捉え直そうとしても、そこに「今―ここ」を生きる人間の価値観に基づくバイアスのかかり具合がゼロになることはない。「第九」が様々な形で取り上げられる限り「第九」を素材とした「俺の第九」の再生産が生じる宿命もまた、避けられないのである。

日本における「第九」の萌芽

では、日本における「第九」の受容は、どのようにしてなされたのだろう。

最初の記録は、ドイツ兵捕虜によるものである。第一次世界大戦下、アメリカやイギリスと同盟を組んでいた日本には、中国で捕らえられた「敵国」のドイツ兵捕虜が移送され、いくつかの収容所に囚われていた。そうした中で、徳島県の板東俘虜収容所においては、所長が寛大だったこともあって、捕虜の自由な行動が相当程度認められ、やがては彼らから成るオーケストラ、ブラスバンド、合唱団等も結成された。

そうした中で、ドイツ兵捕虜による「第九」の演奏会がおこなわれる。まずはおそらく第四楽章が一九一七年六月一〇日に、全楽章が一九一八年六月一日に上演された。これらの出来事をもって、「第九」の日本初演と言われることが多い。

ただし出演者は捕虜のみだったため、合唱の女声のパートも男性が担当し、原曲が忠実に守られたわけではない。また完全な意味での全曲上演ではなく、おそらく適宜カットがおこなわれた、と考えられる。

さらに、板東俘虜収容所を舞台にした映画『バルトの楽園《がくえん》』(二〇〇六)のクライマックスでは、この「第九」演奏のシーンが登場し、収容所に集った村の人々が、ドイツ兵捕虜の奏でる敵味方を超えた友愛のメッセージに涙を流して聴き入る様が映し出される。だが現実は、収容所内の演奏会はよほどの例外を除いては原則部外者は入れず、そこに一般の村人がやってくるなどは、いくら収容所の所長が寛大であってもありえない話だった。

またこの時の「第九」上演の目的が、日独の友好、あるいは敵味方を超えた友愛のためのものだったのかも不明である。むしろそれは、囚われの状態から自由になりたいという捕虜たちの願望、あるいはドイツ人としての誇りを失うまいとする彼らの愛国的な姿勢のなせるわざではなかったか。

「第九」の響きは九州から

また、所長の寛大さゆえ、音楽をはじめとする様々な活動をドイツ兵捕虜が比較的自由におこなえたのは、板東俘虜収容所だけではなかった。福岡の久留米俘虜収容所も同様であり、そこでは板東に遅れることおよそ一カ月後の一九一八年七月九日、まずは収容所内で「第九」が上演された。さらに一九一九年一二月三日には、収容所の外にある久留米高等女学校講堂においても、同校の生徒や教員を前に「第九」の演奏がおこなわれた。

これらはいずれも、全曲演奏ではなく、第四楽章も演奏されないというものだったが、特に久留米高等女学校での演奏は「第九」が日本で公開上演された最初の例となる。さらに一九二四年一月二六日、九州帝国大学の学生たちを主力メンバーとするオーケストラ、九州帝国大学フィルハーモニー会(一九〇九年創設)が、「第九」の第四楽章を演奏した。彼らの中には、久留米俘虜収容所内のドイツ兵捕虜からレッスンを受けたり楽器を譲り受けたりなど音楽的な交流をおこなった者も少なくなく、それがこうした動きに繋がったのだろう。

これは「第九」の理念である「友愛」を地で行くような行動である。しかも「男女七歳にして席を同じうせず」といった儒教的道徳観が根強かった時代において、男女からなる混声合唱が用いられ、これまた楽の音に満ち溢れた喜びの下に多様な人々が集うという、「第九」の世界を体現したものとなった。

ただし、日本語で付けられた歌詞の内容は大きく異なっていた。演奏がおこなわれたのは、時の皇太子(のちの昭和天皇)の結婚を祝う「御成婚奉祝音楽会」だったからである。それにふさわしく、「第九」第四楽章の歌詞も御成婚を祝う内容で、音楽も一部改変されていた。「喜び」をテーマとしてはいるものの、テキストの中味が完全に変えられる。だがそうした「改変/改竄」にもかかわらず、音楽的表現も相まって「喜び」というテーマ自体は変わらない。「第九」の宿命とでもいうべき問題が、時空を超えてここにも浮き彫りになった。

レコードコンサートから実演へ

このような部分演奏、あるいは改変演奏を経て、一九二四年一一月二九、三〇日には、日本初となる「第九」全曲の公開演奏がおこなわれた。折しも「第九」が世界初演されてから、一〇〇年目の記念の年であった。

会場は東京音楽学校(現在の東京藝術大学音楽学部)のメイン校舎である奏楽堂、演奏には同校のオーケストラと合唱団があたった。指揮者は、「お雇い外国人」として同校で教鞭をとっていた、ドイツ出身のグスタフ・クローン（一八七四―?）。なお東京音楽学校のオーケストラは、同校の学生を教育する目的と同時に、当時の日本における唯一のプロ（正確にはプロの卵たちと教授陣）から成っていた。

演奏会には、小説家の野村胡堂（別名、野村あらえびす　一八八二―一九六三）や物理学者の寺田寅彦（一八七八―一九三五）等、当時の日本を代表する文化人たちもはせ参じ、熱狂した。しかもこの実演に先立つ形で、その「前哨戦」ともいえる出来事があった。「第九」全曲を録音した二種類のレコードの登場である。

当時のレコードは、七八回転SP盤であり、一面当りの録音時間が数分だったことから、長尺物である「第九」の録音はきわめて難しかった。また、大編成を要するという事情ゆえ、ラッパ吹き込みによる録音方法が一般的だった状況下では、さらなる困難が伴った。というわけで、これらの「第九」のレコードも、カットが一部施されたり、録音にして聴きやすいようオーケストレーションが改変されたりしている。

いずれにしてもそのうちの一種類、ドイツのグラモフォン社から発売された七枚組のレコードが、日本に輸入される。演奏は、ブルーノ・ザイドラー＝ヴィンクラー（一八八〇―一九六〇）指揮、ベルリン新交響楽団（このような名称の団体は常設では存在しないため、録音用の臨時編成、あるいは常設オーケストラが録音用に名前を変えて参加したのだろう）である。

当時は、各家庭に蓄音機があるような時代ではなかった。しかも前年の一九二三年には関東大震災が起きたばかりであり、音楽文化最大の消費地である東京には、震災の爪痕がそこかしこに残っていた。そうした事情を受け、レコードコンサートという形で、「第九」の全曲公開演奏が少なくとも二度おこなわれる。七月二〇日報知新聞講堂におけるフランス書院主催のもの、一〇月二七日・二八日渋谷山野楽器における聚樂會主催のものである。

レコード予習という「お勉強」

ここには面白い現象が垣間見える。日本における「第九」の一般受容は、実演ではなくレコードから始まったということだ。これは、まずは実演に触れる機会が存在し、その補助的な手段として、レコードが広まったヨーロッパ（さらにはアメリカ）の大都市の状況とは対照的である。つまりレコードを通じての「予習」があり、その後、実演という「本番」に挑む。しかもそれを、今から「第九」の実演に接しようとする聴衆の側が熱心におこなう（前述した寺田自身、その様子を日記に詳細に記している）。そこには必然的に、クラシック音楽をめぐる「お勉強」的態度が醸成されることになりはしないか？

明治以降、欧米に追い付き、アジアの覇者となることを目指しておこなわれた日本の近代化の一環として、西洋クラシック音楽の教育と普及が目指された。しかもそれは、単なるお上の政策にとどまらず、特に都市部のインテリを中心に、西洋クラシック音楽への関心が自発的に高まってゆくきっかけとなった。

しかし、日本には西洋音楽の伝統が存在しなかったという事情ゆえ、そうした音楽が根付くためには、ある程度の「強制力」が必要となる。そこで取られた手段が、西洋音楽の輸入の際におこなわれた「教育」と通底する「お勉強」であった。

だがそれゆえに、西洋クラシック音楽は、音楽そのものを楽しむというよりも、音楽を前にした教養、あるいはそれを身に着けるための修養の対象と化したのも確かである。また、西洋クラシック音楽の「本場」である当のヨーロッパでも、芸術家の自立や芸術作品の神聖化といった動きの中、音楽の中にある精神性に正面から向かい合うべく音楽に集中すべしという傾向が強まりつつあった(既に触れたように、その典型的な推進者の一人が、「俺様の世界」をとことんまで追求したワーグナーだった)。

ヨーロッパを手本としていた当時の日本において、この傾向が、場合によっては当のヨーロッパ以上に色濃く定着していったとは考えられないだろうか。またそれを助長した典型的な作品こそ、「第九」ではなかったか。

何しろ、第四楽章の「喜びの歌」の登場までは、ひたすら待ちの姿勢に徹する必要がある。

その間も、「耳の病をはじめとする人生の荒波に見舞われながらも、血のにじむような努力をし続けたベートーヴェン」の生き方を映し出したかのような音楽を「第九」の中に聴きとり、彼の生を己が生と重ね合わせてゆく。

それは艱難辛苦の努力を重ね、ヨーロッパやアメリカ並みの力を得ようとした近代日本の姿、さらには西洋の知識の深淵に到達しようとした近代日本の教養主義者(彼らの中には西洋クラシック音楽の崇拝者も多数存在した)の姿とも重なるだろう。しかも「歓喜に寄す」は、教養主義者の間で持て囃されたドイツ語で書かれており、しかもその作者は、彼らが熱狂的に崇拝したドイツの文豪の一人、シラーだったのだから。

結果、ひたすらな集中力をもって音楽に耳を傾け、それができない人間に対しては強制的な排除すらも厭わない緊張感の中で、「友愛」のメッセージを掲げた「第九」に没入する……。一九世紀初頭の「第九」初演時にはまだ普通に見られたような、緩さも伴う「社交場としての演奏会」とは真逆の、よく言えば集中力の高い、悪く言えば重苦しい、日本独自のクラシック音楽の実演に対する接し方において、「第九」はその最右翼に位置する作品だったのである。

年末「第九」のきっかけ

ただし、その後もすぐに日本で「第九」が広まったわけではない。あまりの大曲、難曲だっため、一九二六年に創設された日本における初の本格的なプロのオーケストラである「新交響楽団」（前身は日本交響楽協会）でさえ、創設一年後の一九二七年にようやく上演にこぎつけた。しかもそれは、ベートーヴェンの没後一〇〇年を記念して開催された、ベートーヴェンの全交響曲演奏会の最後の回を飾るものだった。

またその後も「第九」は、やはりベートーヴェンの全交響曲上演の一環として、あるいは常任指揮者の交代といった特別の機会に上演されることが多かった。これは、「第九」の本場であるヨーロッパに倣ったものであり、ヨーロッパでは一部を除き、現在もなおそうした慣習が一般的である。

それがなぜ、日本では年末になると「第九」のオンパレードと化すような事態に至ったのか。たとえば一九二〇年には、ベートーヴェンの生誕一五〇年を記念して、彼の誕生月である一二月に、ライプツィヒ等で「第九」が上演されたことはある。またそれを基に、ヨーロッパでは年末に「第九」が上演される、といった類の不正確な伝聞が日本に広まったことも推測できる。

とはいえ、実際に日本でプロのオーケストラが年末に「第九」を取り上げるのは一九四二年まで待たなければならず、しかもその時は定着しなかった。当時は第二次世界大戦の最中であり、演奏会どころでなくなりつつあったのが大きな理由である。さらに、偏狭なナショナリズムと米英への敵対感情が結びつき、洋楽ボイコット運動も起きていた。つまりいくら同盟国ドイツの、しかも「真面目な」クラシック音楽の「第九」であろうと、年末の上演が根を下ろすには状況が悪すぎた。

にもかかわらず、そうした難しい時期に「第九」を上演できたという点は重要である。つまり「第九」に具わった「軍歌」にも通じる特徴、つまり高揚感や勇ましさを通じて人々を一体化させる働きが、時局にかなったものだったからである。

さらに戦況が悪化した一九四三年、もう一つの「第九」上演がおこなわれる。卒業式を待たずして学徒出陣することとなった東京音楽学校の学生を送る奏楽堂での壮行会で、「第九」の第四楽章が演奏されたのである。こちらも表向きには、時局にかなった選曲だった。死せる英雄が赴く楽園エリジウムの娘である歓喜を讃える「喜びの歌」。それはそのまま、祖国のために戦場に赴き、死を通じて英雄となるべしという、学徒出陣を含む国民皆兵の道義に、見事なまでに一致していた。

与えられた平和を寿ぐ

もちろん、出征した学生の多くは戻らなかった。だが、わずかに生き残って帰還した学生たちを交え、一九四七年の年末に、再び「第九」が上演された。

それは一九四三年の「第九」上演と対照的に、戦没学生に対する鎮魂の儀式となった。と同時に、この作品に具わった「友愛」や「平和」へのメッセージを、そうした発言を自由にできるようになった戦後日本で、高らかに宣言するという意味合いもあったろう。

注目すべきは、奇しくもこの年、文部省が監修した小学校六年生用の音楽の教科書に、『よろこびの歌』というタイトルの曲が掲載されたことである。作詞は、当時の新しい音楽の教科書用にいくつも詩を書いた詩人の岩佐東一郎（一九〇五―七四）。文字通り、「喜びの歌」のメロディに乗せて、以下のような歌詞が付けられている。

晴れたる青空　ただよう雲よ／小鳥は歌えり　林に森に／こころはほがらか　よろこびみちて／見かわす　われらの明るき笑顔
花さく丘べに　いこえる友よ／吹く風さわやか　みなぎるひざし／こころは楽しく　しあわせあふれ／ひびくは　われらのよろこびの歌

当時は、教科書の「墨塗」にも見られるように、教育の現場で、戦前戦中の軍国主義教育が一掃されていた。音楽教育の分野でも文部省は、「軍国主義的なもの　超国家主義的なもの　神道に関係あるもの」の排除を通達する。結果、件の小学校六年生用の音楽の教科書も、日本で作られた曲はわずか四曲、他の一八曲は外国の曲に日本語の歌詞をつけたものと化した。

その一つこそ、『よろこびの歌』だった。実際その歌詞を見ても、平和な状況の寿ぎが主軸となっており、戦前戦中の姿勢から一八〇度の方向転換を図った当時の教育体制、さらには国の方針が歴然とわかる。

ただし、もしもメロディがなければ、あるいは百歩譲って最後の歌詞「ひびくは　われらのよろこびの歌」がなければ、これが「第九」の第四楽章、つまり「喜びの歌」を基としていると気づかないのではないだろうか。というのも、ここにはシラーを通じてベートーヴェンの中に明確に現れた思想、新たな時代を目指す人々が平和を能動的に実現するべく「喜び」を讃える、という姿勢は見当たらないからである。

つまり「平和」を能動的に手に入れるべく、場合によっては「闘い」も辞さないという姿勢は、平和教育を志向し、あらゆる「戦い／闘い」の影を排除しようとした当時の国のあり方とそぐわない。またそれは敗戦を経て、戦争疲れ、さらには戦争への忌避感が漂う当時の日本においては、受け容れがたいものであったのだろう。

そうでなくても、島国の中で肩を寄せ合うようにして生きざるをえない宿命ゆえ、「戦い／闘い」よりは、「協調／調和」を重視する傾向が強い日本の社会である。もちろんそうした「協調／調和」は、内向きの村社会的なものであるため、そこに醸し出される「空気」によって、いくらでも主義主張が変化することは見逃せない。だからこそ、好戦的な「空気」になれば戦争を賛美し、非戦的な「空気」になれば一斉にそれになびく。

結果生まれたのが、『よろこびの歌』だった。またそれが、第二次世界大戦後の日本で「第九」が流布する一つのきっかけとなった。しかも「第九」の第四楽章で「喜びの歌」が登場する際、それがドイツ語で歌われようとも（あるいは馴染みのないドイツ語であるからこそ）、少なからぬ日本の聴衆は無意識に思い浮かべてしまうのではないか。元のテキストの内容を換骨奪胎し、所与の平和を寿ぐ『よろこびの歌』の内容を。

大衆教養主義の広がりの中で

ただしそれでもまだ、「第九」を年末に集中的に取り上げるという習わしがすぐに始まったわけではない。第二次世界大戦後は、「新交響楽団」以外にも様々なプロのオーケストラが誕生しつつあったが、やはり「第九」の上演回数は決して多くはなかった。

こうした傾向が大きく変わるのが、一九六〇年代前後からである。日本が高度経済成長を迎えたこの時代になると、東京だけでもプロのオーケストラの数が五本の指で数えきれないほどになってゆく。またそうした中で、各オーケストラがしのぎを削るように「第九」上演をおこない、総数も一九六二年には二〇回、一九六八年には三〇回以上、その中で九割以上が年末に集中してゆく。

プロのオーケストラの数の増加、これは高度成長期における「大衆教養主義」の流行と無縁ではない。経済の興隆とともに大学進学率も増加する中、これまで一部エリートに限定されてきた「教養主義」が、幅広い層に向けて変化を遂げ始める。結果、西洋クラシック音楽の象徴ともいえるオーケストラの需要も急速に高まった。

ただし、そこはあくまで「大衆向け」の教養主義である。伝統的な教養主義の王道である難解さやストイシズムを求めていただけでは、幅広い層の支持は得られない。「ベートーヴェン」という西洋クラシック音楽の王道であっても、後期の瞑想的なピアノ・ソナタや弦楽四重奏曲といった室内楽曲、あるいはキリスト教の根幹に対する深淵な理解や共感を必要とする『荘厳ミサ曲』ではダメなのである。

つまり、耐えたり我慢したりという教養主義に必要な「マジメ」さを残しつつも、最後はそうした行程が報いられるような(あるいは憂さを晴らすような)カタルシスが必要だ。となった時、それこそ第四楽章に向けてひたすらピークが形作られ、最後はお祭り騒ぎ的な熱狂に終わる「第九」は、恰好の演目ではなかったか。

アマチュア合唱団登場の背景

言葉を変えれば、声楽が登場して以降の一〇分程度に集中すれば、多くの人々が「第九」を満喫できるという効果。これは観客だけでなく、演者の合唱、特にアマチュア合唱団にとってはメリットとなる。音楽的な水準の高さゆえにがんばり甲斐がある一方、演奏時間が一〇分余りで済み、しかも最後の一番おいしいところを独占できるといううまみまであるからだ。

元々日本における「第九」上演には、東京音楽学校をはじめ、プロ養成を目的とした教育機関に属するプロの卵たちから成る合唱団が用いられることが多かった。とはいえ第二次世界大戦前の時点においてすら、アマチュア合唱団の登場がなかったわけではない。

たとえば一九三〇年、「新交響楽団」がベートーヴェン全曲演奏会の締めにおこなった「第九」公演では、合唱に東京交響合唱団というアマチュアの団体が参加し、創設者の津川主一《しゅいち》（一八九六―一九七一）が合唱指揮者、つまり合唱指導を務めている。津川は、日本におけるプロテスタントの普及、そして讃美歌等の宗教音楽、さらには西洋クラシック音楽全般の普及に努めた人物である。東京交響合唱団の創設も、その一環だった。

ここで、日本におけるプロテスタントを含むキリスト教受容が、都市部における富裕層やインテリ層を中心に起きたことを考えてみよう。つまりアマチュアといえども、いやアマチュアだからこそ、西洋クラシック音楽を楽しめる経済的、文化的余裕を具えた社会階級にいた人々が、「第九」合唱団員の中心となったことは容易に想像できる。

また、自由学園、成城学園、玉川学園といった私立学校でも、教育の一環として「第九」公演への合唱参加がおこなわれた。こちらも、それなりの社会層の子どもたちが集う学校だったことを考える時、子どもたちを輩出する家庭においては、西洋クラシック音楽をはじめとする西洋文化への理解という点で、東京交響合唱団とも相通じる要素が見られる(なお津川は、自由学園でも音楽の教師として教鞭をとっていた)。

労組系合唱団の参入

これらのアマチュア合唱団は、第二次世界大戦後も「第九」上演に携わり続けたが、そこへ新たな参入者が現れる。典型的な例が、「うたごえ運動」に象徴される、労働組合系の合唱団である。

「うたごえ運動」は、革命歌、労働歌、ロシア民謡等を中心に、社会主義の浸透を狙った政治的運動であったが、彼らにとっても「第九」は重要なレパートリーとなる。本家のソビエト社会主義共和国連邦において、この作品が「階級闘争」の理念に沿う存在として受け容れられたからだけではない。「うたごえ運動」の特徴の一つである平和の希求が、「喜びの歌」に内包された平和の希求と一致すると考えられたからだろう。

なおこうした動きは、従来エリート層が中心だった西洋クラシック音楽が、労働者へと開放されることを意味した。そうした中で、プロのオーケストラコンサートを労組系の団体で買い取り、公演を催す動きが盛んになる。さらにプロのオーケストラの多くも自主運営だったため、運営状況を円滑にするべく、労組系やさらには新興宗教といった、外部の組織が主催する演奏会にも活路を見出してゆく。

後は演奏会を経済面でも成功させるべく、聴衆の動員も必要だ。となると、自前の合唱団をプロのオーケストラと共演させることで、合唱団員は家族や知人にチケットを売り、自らの晴れ姿を見に来てもらう、という流れができあがる。

その際「第九」こそは、西洋クラシック音楽の王道中の王道としても、革命歌やロシア民謡以上に、権威ある存在となったことだろう。当時の労組運動の中にインテリ層も少なくなかったことを考えると、資本主義的な傾向には背を向けながらも、彼ら独自の「大衆教養主義」を発露できる恰好のメディアこそ、「第九」に他ならなかった。

日本独自の祭と化した「第九」

さらに、「第九」を一年のどこで上演するかという点も重要だ。労組系の合唱団にとって、年度末から年度始めにかけては、春闘やメーデーに力を注がなければならない。また、経済基盤の脆弱なプロのオーケストラを何かと物入りの年末に支えるという姿勢は、労働者の組織としての大義名分にもかなった、ふさわしい行為である。

ただし「第九」＝年末の風物詩という構図は、労組系の合唱団だけに限られた話ではない。他のアマチュア合唱団はもとより、この曲に接する大勢の聴衆の中にも、広く行き渡っている。

またたからこそ、一九六〇年代後半から一九七〇年代にかけて起きた労組の弱体化や教養主義の崩壊を経てもなお、「第九」は生き残った。

その大きな理由こそ、「第九」に具わった（そして一九世紀には特にその第四楽章が批判されることとなった）種々雑多さ、あるいは融通無碍なまでの普遍性だろう。たとえば欧米で年末年始、つまりクリスマスの前後に上演される、イエスの降誕を扱った宗教曲や宗教作品と異なり、「第九」は受け手によって様々な解釈ができる。宗教的要素はもちろん、階級闘争の勝利への夢、鎮魂と再生、平和への祈願など、実に「何でもあり」の、しかし何らかの祈りや願いをこの作品に託す——。

このように考えると、「第九」は、除夜の鐘や初詣でのように多神教的な宗教的体験を誰もがおこない、新年に向けてリセットを図るという、日本の宗教文化とも重なり合う。しかもそこには、「喜びの歌」に見られるような、所与の平和や幸福を何がしかの賽銭（入場料）と引き換えに願うという手軽さすら伴っている。あるいはそうした喜捨行為が、時に歳末助け合いのような慈善行為にも繋がることを考えると（実際、チャリティ公演として「第九」の演奏会が催される場合も少なくない）、そこには一種の「禊」の意味合いさえ生じる。

もちろん、手軽な「禊」だけではない。七〇分以上に及ぶ全曲を聴き通すしんどさも含め、そこに自身の一年の来し方を重ね合わせ、煩悩を捨てて生まれ変わる「禊」の効果もある。しかもその総仕上げとして、曲の最後では「チャーンカチャンチャン」という「○○音頭」すら想起させる熱狂的なリズムに乗せて、来年こそは福が訪れそうな高揚感にさえ包まれる。それは、時には峻厳な要素を含む宗教とも通底しながら、最終的には万人がカタルシスを得られる「祭」そのものの効果に他ならない。

「人々の結びつき」と「村社会」

たしかに「第九」には、そこに集ったあらゆる人々が参加できる構えが具わっている。たとえドイツ語ができなくても、カラオケやカタカナ付きの対訳といったツールを通じ、誰もが「第九」に参加可能である。あるいは収容人数がせいぜい二〇〇〇人台のクラシック音楽用のコンサートホールだけでなく、数千人、数万人規模の人々が集えるスタジアムやアリーナでの上演に至るまで、様々な場所と形態が可能なことまで含め、望みさえすれば皆が参加できる祭の要素が濃厚だ。

「教養主義」の影響も相まって、お高くとまったイメージで見なされがちな西洋クラシック音楽。だが、その本丸ともいえる「第九」が日本で人気を博している所以は、いわば踊りの輪に加わることも、それを見ることもできる祭同様の敷居の低さにある。

ただしその一方で、一般人が参加できない祭が存在することや、あるいは、祭には関係者限定のスペースや催しが付き物であることを考えてみよう。となると祭には、ある特定の人々の関係を強固にする機能と同時に、それ以外の人間を排除する要素も必ず具わっている。またそれこそが、祭を祭として成り立たせている要素なのである。

そう考える時、「あらゆる人々は兄弟となる」理念を掲げる一方、それに共鳴できない者は「そっと立ち去るがよい」という排除の姿勢を示す「第九」は、こうした「祭」に実にふさわしい。つまり「祭」と化した「第九」は、今なお形を変えて根強く残る日本的な村社会を、当の村社会を築き上げてきた伝統的な「祭」が弱体化してゆく中で、逆に強固にする役割を果たしているとさえいえる。

だがそれゆえに、「第九」によってもたらされる「人々の結びつき」という高揚感が何物にも代えがたい魅力を放つのも、また確かである。またこの魅力ゆえ、「密」が何よりも忌避され、人々の分断が進んだコロナ禍の最中においてすら、「第九」は実演あるいはリモートを通じて年末の日本で上演され続け、新たな年への希望のメッセージと化した。

もちろんその際、「ディスタンス」を取らざるをえない、あるいは出演者、観客の規模、ひいては上演回数そのものが縮小を余儀なくされるという制約は厳然と存在した。だがそうした制約も含め、都市部を中心に人間関係の希薄さが指摘される昨今、人間同士を結びつける新たな祭のスタイルを提示する存在として、「第九」は機能し続けている。

それにしても、「人々の結びつき」と「村社会」はやはり切り離せないものなのだろうか？日本においてすっかり年末の「祭」と化した「第九」は、その状況を補強するだけなのか？

「第九」が映し出す個人と社会

「善きもので、高貴なるもので（……）それを求めて人々が闘い、それを求めて人々が砦を壊すべく突進し、それが成就されたことが歓喜とともに告げ知らされるような、そんなものは存在すべきではないんだ。そんなものは引っ込められて当然だ。僕自身が、それを引っ込めよう」

「おい、君のいうことがわからないよ、全然。何を引っ込めようというんだい？」

「第九交響曲さ」と彼は答えた。

この対話は、二〇世紀のドイツを代表する文学者トーマス・マン（一八七五―一九五五）が書いた長編小説『ファウスト博士』の一部である。ナチスがドイツの政権を掌握する中、亡命者となった彼が、アメリカで執筆した作品だ。文中で「彼」と記されている人物は、この小説の主人公である作曲家。彼は滅びゆくドイツ文化を象徴する人物、つまりマンの代弁者ともいえる存在である。

ここで重要なのは、「第九」が「引っ込めるべき存在」とされている点。しかも「第九」の特徴として、善なる要素や高貴な要素が、人間的なものと同一視されている点である。

善なる要素や高貴なる要素とは、かつてであれば聖職者や貴族など特権階級の独占物であり、またそうした特権階級のみが「人間」扱いされていた。だがこれらの要素を、かけがえのない個人としての自覚を持ち始めた非特権階級のものにしようとしたのが、フランス革命だった。さらにはその時代を生きたシラー、ベートーヴェン、「第九」だった。

だがそれは、実は理想論にすぎなかった。結局のところそのようにして誕生した新たな社会では、経済活動によって社会進出を果たした市民を念頭に、効率性や迅速性が求められるようになる。つまり本来であれば、身分を超えた個々人のために存在するはずの社会は、旧体制下と相も変わらず、社会の規範に合わない個人を抑圧、排除してゆくものとなる。そしてそのきわめつけが、マン自身を激しく抑圧したナチスに他ならなかった。

ただし、「『第九』を引っ込める」、あるいは「『第九』は存在すべきではない」というマンの見解は、「『第九』を抹消せよ」ということではあるまい。

「第九」を闇雲に称賛し、意を同じくする同志と無批判に徒党を組むのではなく、いったん自らのもとに引き寄せ、自分の中で吟味、咀嚼する。それこそが、時に個人を圧し潰す勢いで迫り来る社会に対して個人を確立する行為に繋がり、そのための第一歩を後押ししてくれる存在こそ芸術、特に音楽芸術である、とマンは考えたのではないか。

たしかに「第九」に魅せられたがゆえに、その巨大な影に圧し潰されそうになりながらも、自身の道を模索し続けた音楽家は少なくない。たとえばこの章の冒頭で触れたブラームスの場合、「第九」を意識した『交響曲第一番』を完成させた後は、右肩上がりの展開に背を向けるかのように、諦念と諦観に満ちた交響曲を書くようになった。つまり彼は「第九」に狂騒する社会から、いったん「第九」を引っ込め吟味を重ねた上で、新たな交響曲、さらには音楽そのものの可能性を切り拓いていったのである。

そうしたことを顧みれば、「第九」の意味合いもおのずと変わってくる。ベートーヴェンは、たしかに「友愛」をこの作品で謳いあげた。またその背後に潜む「排除」を扱った「歓喜に寄す」のテキストもこの作品に組み入れた。

だがその基にあったのは、友愛と平和に満ちた未だ存在せざる世界を、音楽を用いて実現させようとするベートーヴェン個人の切なる願いと、それを実行する並外れたエネルギーだった。「第九」のテキストにも用いられた「歓喜に寄す」の一節、「進め、兄弟よ、君たちの行く道を」は、まさに彼自身にも向けられたものだったのである。

ともに前を向かせる「祭」

一方、私たちを取り巻く現実の世界でも、今なお個人の軽視や、残忍な戦禍が止むことはない。だが「第九」は、そうした状況を生み出しかねない危うさを孕むとともに、それを打破する希望にも貫かれている。またその意味で「第九」は、演奏する側と聴く側の価値観をリセットし、ともに前を向かせる「祭」なのである。

一年の塵芥を洗い落とし、過ぎ行く年を振り返りながらも、期待をこめつつ新年に向けて生まれ変わろうとする年末。しかも、こうした年末の迎え方が時にマンネリズムと見なされた結果、欧米由来のカウントダウンを含む新たな形態の年越しのあり方が生まれた状況にあっても、それらの中にさえ日本特有の伝統的な要素がひそかに付け加えられてゆく——。

様々な価値変動の起きた第二次世界大戦以降、そんな「偉大なるマンネリズム」たる祭事の一角に「第九」も新たに加わった。そして今や、「第九」そのものが伝統的な祭として、歳末の日本を、さらには日本文化の現在《いま》を形作っているのである。

おわりに　Move your beautiful body!

“Move your beautiful body!”　そんな指示が、指揮台から勢いよく飛んだ。二〇〇一年、ベートーヴェンの交響曲全曲演奏会のためにウィーン・フィルを率いて東京を訪れていたラトルが、「第九」のリハーサルをおこなっていた時のこと。ステージ上には、日本のプロの合唱団が並んでいたのだが、こと西洋クラシック音楽に対して生じがちな日本的生真面目さゆえか、あるいはそうした生真面目さからはみ出てはいけないという日本的村社会意識ゆえか、団員たちの表情もさらには表現も硬く、「喜び」というには程遠い状態だった。

それを見たラトルが、最高の笑顔でユーモアを交えつつ、そんな合唱団を変えようと発したのが、この言葉だったのである。するとどうだろう。まさに彼らは、一人一人が身体をゆすって歌い出した。そしてそこに出て来る響きは、文字通り「喜び」に満ち溢れたものとなった。生真面目な社会的連帯ではなく、喜びに満ちた個人の発露。それこそが、ラトルの目指したものだった。

「はじめに」で、マウトハウゼンの強制収容所跡における、二〇〇〇年のラトルとウィーン・フィルの「第九」演奏について触れた。これは、既に本書を読まれた方であればおわかりだろうが、ナチス・ドイツにおける「第九」演奏の過去を乗り越え、ナチス・ドイツが排除したユダヤ人、精神障碍者、反体制思想家たちのためにこそ、あるいは彼らの遺族にこそ「第九」は存在するのだ、ということを表明した行為に他ならなかった。

だがこの演奏は、大きな議論を呼ぶ。当のユダヤ人からは、なぜユダヤ人追悼のために、彼らにとって忌むべき記憶のまとわりつく「第九」を取り上げるのか、という疑念が出された。祈りと鎮魂の場所であるはずのかつての強制収容所が、野外コンサート用のイヴェント会場のように利用されることへの拒否反応も起きた。

また当時のオーストリアでは、移民排斥を掲げる極右の自由党が連立政権に加入したことが、EUからの経済制裁を受けるほどの国際問題に発展していた。そうした中で、当時はまだEUに加盟していたイギリスの音楽家であるラトルについて、彼はオーストリアでの演奏をボイコットすべきだという意見も出た。さらにオーストリアの世論の一部では、自分たちはかつてナチス・ドイツに併合された被害者であるにもかかわらず(といってもこの併合はオーストリア側の国民投票によって「合法的」に実現したものなのだが)、なぜオーストリアをあらためて悪者として想起させるような催しをおこなうのか、という批判も呈された。

「もちろんそうした意見があるのは知っています。ですが私はそれをしなければならないのです」。これが、ラトルが記者会見で述べた答えだった。個人に迫りくる様々な形の社会に対し、個人としてどのように立ち向かうのか。それを「第九」によって示そうとしたラトルの所信表明だったということが、今となってはよくわかる。またそうした事情も加わって、その時の演奏が壮絶極まりないものになったということも——。

フランス革命からナポレオン、そして保守反動という激動の時代の中に生きたベートーヴェン自身の体験が色濃く注ぎ込まれた「第九」。また、そうしたのっぴきならない作品であるがゆえに、その後の時代の流れに翻弄され、今もなお翻弄され続けている「第九」。だからこそ、様々な理不尽や暴力が今なお繰り返され、それどころかエスカレートする危険性を秘めたこの世界において、あらためて「第九」を語る意味はある。

主要参考文献

相場ひろ『もっときわめる！ 一曲一冊シリーズ ベートーヴェン 交響曲第九番』音楽之友社、二〇二三年
上尾信也『国歌　勝者の音楽史』春秋社、二〇二四年
秋山竜英（編著）『日本の洋楽百年史』第一法規出版、一九六六年
岩井正浩「板東俘虜収容所の活動と「第九」初演」『愛知淑徳大学論集　教育学研究科篇8』二〇一八年
大崎滋生『ベートーヴェン像　再構築』春秋社、二〇一八年
岡田暁生『音楽の危機　《第九》が歌えなくなった日』中公新書、二〇二〇年
木村重雄『現代日本のオーケストラ　歴史と作品』日本交響楽振興財団、一九八五年
倉田喜弘『日本レコード文化史』東京書籍、一九九二年
マンフレッド・クラメス『交響曲「第九」の秘密　楽聖・ベートーヴェンが歌詞に隠した真実』ワニブックスPLUS新書、二〇一七年
越懸澤麻衣「新聞記事でたどる日本のベートーヴェン受容　一九二七年のベートーヴェン没後百年祭まで」、洗足学園大学『洗足論叢50』二〇二二年
三枝成彰、武田倫子他『ベートーヴェンは凄い！』五月書房新社、二〇二〇年
土田英三郎「ベートーヴェン《第九交響曲》作品史のための資料」『国立音楽大学音楽研究所年報17』二〇〇三年

平野昭、西原稔、土田英三郎（編著）『ベートーヴェン事典』東京書籍、一九九九年
松尾展成「資料　オットー・レーマンの音楽活動　久留米時代を中心に」『岡山大学経済学会雑誌35』二〇〇三年
矢羽々崇『日本の「第九」　合唱が社会を変える』白水社、二〇二三年
メアリー・シェリー（芹澤恵訳）『フランケンシュタイン』新潮文庫、二〇一四年
ベルナール・デュシャトレ（村上光彦訳）『ロマン・ロラン伝　一八六六—一九四四』みすず書房、二〇一二年
ディーター・ヒルデブラント（山之内克子訳）『第九　世界的讃歌となった交響曲の物語』法政大学出版局、二〇〇七年
オットー・ビーバ（小宮正安訳）『ベートーヴェン《第九》初演二〇〇年に寄せて　一八二四年初演時の真実を探る』、東京・春・音楽祭特別講演会、二〇二四年四月七日、東京都美術館講堂
ジュールズ・ボイコフ（中島由華訳）『オリンピック秘史　一二〇年の覇権と利権』早川書房、二〇一八年
マーク・エヴァン・ボンズ（堀朋平、西田紘子訳）『ベートーヴェン症候群　音楽を自伝として聴く』春秋社、二〇二二年
デイヴィッド・クレイ・ラージ（高儀進訳）『ベルリン・オリンピック一九三六　ナチの競技』白水社、二〇〇八年
ノーマン・レブレヒト（喜多尾道冬他訳）『だれがクラシックをだめにしたか』音楽之友社、二〇〇〇年

ALBRECHT, Theodore, *Beethoven's Ninth Symphony, Rehearsing and Performing Its 1824 Premiere*, Martlesham, 2024.

BIBA, Otto (Hg.), *Bonns goldenes Zeitalter - die kurkölnische Residenzstadt zur Zeit Beethovens*, (Ausstellungskatalog), Bonn, 2020.

DEL MAR, Jonathan (Hg.), *Beethoven Symphonie Nr.9 in d-Moll op.125*, Kassel, 1999.

KÖHLER, Karl-Heinz usw. (Hg.), *Ludwig van Beethovens Konversationshefte, Kritische Ausgabe in 11 Bänden*, Leipzig, 1928–97.

KOPITZ, Klaus Martin, Cadenbach, Rainer (Hg.), *Beethoven aus der Sicht seiner Zeitgenossen*, München, 2009.

KRAFT, Herbert (Hg.), *Friedrich Schiller, Werke in vier Bänden*, Berlin, 1966.

KRAUS, Beate Angelika (Hg.), *Beethoven Symphonien V: Nr. 9 d-Moll Opus 125 mit Schlußchor über Schillers Ode "An die Freude" für großes Orchester, 4 Solo- und 4 Chor-Stimmen, mit Kritischem Bericht*, München, 2020.

KÜTHEN, Hans-Werner, *Mozart-Schiller-Beethoven, Mozarts Modell für die Freudenhymne und die Fusion der Embleme im Finale der Neunten Symphonie*, (In: Hudebni veda 1993), Praha, 1993.

MANN, Thomas, *Doktor Faustus (Frankfurter Ausgabe Band 1), Das Leben des deutschen Tonsetzers Adrian Leverkühn erzählt von einem Freunde*, Frankfurt am Main, 2020.

MURRAY, E.B. (Ed.), *The Prose Works of Percy Bysshe Shelly Vol.1*, Oxford, 1993.

RIETHMÜLLER, Albrecht (Hg.), *Das Beethoven-Handbuch in 6 Bänden*, Laaber, 2008–2019.

SCHMIDT, Dieter (Hg.), *Schillers Werke*, Frankfurt am Main, 1966.

あとがき

「第九」は、特に実演の場合、理想的な名演が生まれにくい曲の最たるものかもしれない。オーケストラのみによる第一楽章から第三楽章の出来栄えがすばらしく、この先どうなるのだろうと待ち構えていると、声楽の入る第四楽章が期待したほどの高水準な演奏ではなく、肩透かしを食らうことがしばしばある。逆に、第一楽章から第三楽章が今一つであっても、第四楽章が大盛り上がりした結果、一応のところ終わりよければ全てよし、ということも……。

それもこれも、やはり最後の最後になって声楽が登場する「第九」ならではの現象だろう。何しろ、オーケストラ自体が一時間近くをかけて盛り上がってきているテンションまで、途中参加の声楽が心も体も持って行くのは容易なことではない。しかも、のっけからパワー全開で歌わなければならないとなると、これはもう賭けに等しい。

こうしたことを考えると、「第九」を理想的に上演することが、演奏を受け取る側の聴き手の集中や共感も含め、きわめて難しいことがわかる。まただからこそ、それこそ二〇〇〇年のラトル&ウィーン・フィルの演奏のように、何か共通する特別な思いが演奏者にも聴き手にも必要なのかもしれない（ただしそれが時に陥る危険性については、第5・6章で指摘した通りでもあるのだが）。

「第九」については、これまでも講演や講座、プログラム解説等々の機会に、色々と考えて来た。またその中で浮かび上がって来たのは、「努力と闘いの人」一辺倒のように言われてきた旧来のベートーヴェン・イメージ、さらにはその生き方を映し出したかのように見られる「第九」のイメージが、そこだけにとどまり続けていてよいものだろうか、という疑問だった。

ベートーヴェン生誕二五〇周年にあたる二〇二〇年。この年はコロナ禍に直撃され、演奏会をはじめとする多くの催し物が世界的に中止に追い込まれてしまったものの、その前後に、旧来の説を刷新する様々な優れた研究が発表されたことは大きな収穫だった。本書の中に、これまでのベートーヴェンや「第九」のイメージと異なる新たな視点を少しでも加えることができたのは、それらの研究のおかげが大きい。

またそうした視点を、アウトプットする機会にも恵まれた。緊急事態宣言の発令を受けて様々な施設が閉鎖される中、それでも音楽ホールとしての発信を続けたいという熱い思いを持って歩まれた福井県立音楽堂の橋本恭一さん（当時）、佐々木玲子さんのお声掛けで、「ようこそベートーヴェン」というシリーズを同館のホームページを通じておこなえたことには、今でも深く感謝している。

「「第九」について書きませんか?」」、こんな話をいただいたのは、二〇二四年四月一日だった。その一週間ほど前の三月二三日、東京文化会館の小ホールを会場に一日がかりでおこなわれた「東京・春・音楽祭」のマラソンコンサートで、筆者が企画構成・解説を担当したのがきっかけ。「第九」とその周辺の作曲家や作品、さらには筆者の専門であるヨーロッパ文化史の視点から、それらの時代背景を探ることを念頭に置いたコンセプトに基づいて、タイトルも『《第九》への道――《第九》からの道　歓喜の歌(ベートーヴェン 交響曲第九番)初演二〇〇年に寄せて』という内容だったが、それに興味を抱いていただけた。

そこから二〇二四年一一月の刊行を目指し、急ピッチで作業が始まった。これまでも色々と考え、蓄えてきたことはあるものの、「第九」をテーマに新たな本を書くとなると、話は別である。ひたすらハイテンション、ハイスピードを保ちながら、新たに勉強し直して書く――という、喜びと重圧が同時に押し寄せる作業が続いた。また、それを何とか最後までやり通せたのも、「第九」という空前絶後のパワフルなテーマを扱ったおかげかもしれない(なお、様々なテキストの訳出については、すべて筆者がおこなった)。

本書の成立にあたっても、様々な方々のお世話になった。とりわけ、執筆にあたって惜しみない助言を賜った音楽学者のオットー・ビーバ(Otto Biba)さん、マラソンコンサートのお声掛けをいただいた東京・春・音楽祭事務局長の芦田尚子さん、日本における「第九」レコードコンサートについての情報を教えて下さった板倉重雄さん、出版社と筆者との間を取り次ぎ、その後も静かなアドバイスも頂戴した清宮美稚子さん、そして出版にあたるすべてを引き受けて下さった中本直子さん（特に第3章に出て来るメアリー・シェリーや『フランケンシュタイン』については、中本さんのご教示の賜物である）。その他、個々に名前を記さなかったお一人お一人にも心からの御礼を申し上げたい。

語り尽くされた感のある「第九」かもしれないが、これまで見過ごしにされてきたトピックも含め、新書の形でこの本を、この時代に完成できたのは、大きな喜びである。

二〇二四年一〇月　東京にて

小宮正安

＊本書に収録した研究成果の一部は、科研費基盤研究（C）『独語圏の観光事業に見る「ベートーヴェン・イヴェント」の沿革に関する文化史的研究』の助成を受けている。

小宮正安

1969年東京都生まれ．横浜国立大学教授(大学院都市イノベーション研究院，都市科学部)．専門はヨーロッパ文化史，ドイツ文学．東京大学文学部社会学科卒業．同大学院人文社会科学研究科独文科博士課程満期単位取得．秋田大学を経て現職．ザルツブルクのモーツァルテウム，ウィーン大学での講演等，国内外やテレビ，ラジオ等でも積極的な活動を展開している．
著訳書に『ばらの騎士』(音楽之友社)『エリザベートと黄昏のハプスブルク帝国』(創元社)『チャールズ・バーニー音楽見聞録〈ドイツ篇〉』『音楽史 影の仕掛人』『オーケストラの文明史 ヨーロッパ三千年の夢』(以上，春秋社)『コンスタンツェ・モーツァルト 「悪妻」伝説の虚実』『モーツァルトを「造った」男 ケッヘルと同時代のウィーン』『ハプスブルク家の宮殿』(以上，講談社)『ウィーン楽友協会 二〇〇年の輝き』(集英社)など多数．

ベートーヴェン《第九》の世界　岩波新書(新赤版)2043

2024年11月20日　第1刷発行

著　者　小宮正安《こみやまさやす》

発行者　坂本政謙

発行所　株式会社 岩波書店
〒101-8002 東京都千代田区一ツ橋2-5-5
案内 03-5210-4000　営業部 03-5210-4111
https://www.iwanami.co.jp/

新書編集部 03-5210-4054
https://www.iwanami.co.jp/sin/

印刷・理想社　カバー・半七印刷　製本・中永製本

ISBN 978-4-00-432043-2　Printed in Japan

岩波新書新赤版一〇〇〇点に際して

ひとつの時代が終わったと言われて久しい。だが、その先にいかなる時代を展望するのか、私たちはその輪郭すら描きえていない。二〇世紀から持ち越した課題の多くは、未だ解決の緒を見つけることのできないままであり、二一世紀が新たに招きよせた問題も少なくない。グローバル資本主義の浸透、憎悪の連鎖、暴力の応酬――世界は混沌として深い不安の只中にある。

現代社会においては変化が常態となり、速さと新しさに絶対的な価値が与えられた。消費社会の深化と情報技術の革命は、種々の境界を無くし、人々の生活やコミュニケーションの様式を根底から変容させてきた。ライフスタイルは多様化し、一面では個人の生き方をそれぞれが選びとる時代が始まっている。同時に、新たな格差が生まれ、様々な次元での亀裂や分断が深まっている。社会や歴史に対する意識が揺らぎ、普遍的な理念に対する根本的な懐疑や、現実を変えることへの無力感がひそかに根を張りつつある。そして生きることに誰もが困難を覚える時代が到来している。

しかし、日常生活のそれぞれの場で、自由と民主主義を獲得し実践することを通じて、私たち自身がそうした閉塞を乗り超え、希望の時代の幕開けを告げてゆくことは不可能ではあるまい。そのために、いま求められていること――それは、個と個の間で開かれた対話を積み重ねながら、人間らしく生きることの条件について一人ひとりが粘り強く思考することではないか。その営みの糧となるものが、教養に外ならないと私たちは考える。歴史とは何か、よく生きるとはいかなることか、世界そして人間はどこへ向かうべきなのか――こうした根源的な問いとの格闘が、文化と知の厚みを作り出し、個人と社会を支える基盤としての教養となった。まさにそのような教養への道案内こそ、岩波新書が創刊以来、追求してきたことである。

岩波新書は、日中戦争下の一九三八年一一月に赤版として創刊された。創刊の辞は、道義の精神に則らない日本の行動を憂慮し、批判的精神と良心的行動の欠如を戒めつつ、現代人の現代的教養を刊行の目的とする、と謳っている。以後、青版、黄版、新赤版と装いを改めながら、合計二五〇〇点余りを世に問うてきた。そして、いままた新赤版が一〇〇〇点を迎えたのを機に、人間の理性と良心への信頼を再確認し、それに裏打ちされた文化を培っていく決意を込めて、新しい装丁のもとに再出発したいと思う。一冊一冊から吹き出す新風が一人でも多くの読者の許に届くこと、そして希望ある時代への想像力を豊かにかき立てることを切に願う。

（二〇〇六年四月）